C.H.BECK ◨ WISSEN

in der Beck'schen Reihe

W0195236

Im Staatenverbund des Commonwealth nimmt Königin Elisabeth II. seit ihrer Thronbesteigung im Jahr 1952 eine einzigartige Stellung ein: Kraft ihres Amtes steht sie an der Spitze einer überaus heterogenen Völkergemeinschaft. Einige ehemalige Kolonien und Dominions erkennen sie sogar noch als Staatsoberhaupt an – so Australien, Neuseeland, Papua-Neuguinea, Kanada, Barbados und zehn weitere Staaten. Damit ist das Haus Windsor die erste und einzige globale Dynastie der Weltgeschichte. Peter Alter hat in dem vorliegenden Band seine Geschichte von dessen Anfängen in den Tagen des Ersten Weltkriegs bis zur Gegenwart knapp, kompetent, informativ und anschaulich erzählt.

Peter Alter lehrte bis zu seiner Emeritierung als Professor für Neuere und Neueste Geschichte an der Universität Duisburg-Essen; von 1976 bis 1994 war er Wissenschaftlicher Mitarbeiter und von 1985 bis 1994 Stellvertretender Direktor des Deutschen Historischen Instituts London. Europäische Geschichte des 19. und 20. Jahrhunderts, Zeitgeschichte, Nationalismus und die Geschichte der Metropolen bilden Schwerpunkte seiner Forschung.

Peter Alter

DIE WINDSORS

Geschichte einer Dynastie

Verlag C. H. Beck

Mit 9 Abbildungen und einer Stammtafel

Originalausgabe

© Verlag C. H. Beck oHG, München 2009
Satz: Fotosatz Reinhard Amann, Aichstetten
Druck und Bindung: Druckerei C. H. Beck, Nördlingen
Umschlagabbildung: Schloss Windsor, Runder Turm.
Carl Pendle/Photographers Choice/Getty Images
Umschlagentwurf: Uwe Göbel, München
Printed in Germany
ISBN 978 3 406 56261 7

www.beck.de

Inhalt

Einleitung:
Von Sachsen-Coburg und Gotha
nach Windsor

Exotischer hätte die Szenerie nicht sein können. Ende November 2007 trafen sich in der ugandischen Hauptstadt Kampala am Viktoria-See, nur wenige Kilometer nördlich des Äquators, die Regierungschefs der 53 Länder des Commonwealth of Nations. Die Konferenz findet alle zwei Jahre statt. Anwesend war in Kampala auch die britische Königin, nicht als Repräsentantin der ehemaligen Kolonialmacht Großbritannien, sondern als Oberhaupt der weltumspannenden Gemeinschaft großer, kleiner und kleinster Staaten, die sich seit den zwanziger Jahren des 20. Jahrhunderts aus dem sich auflösenden Britischen Weltreich entwickelt hat.

Im Commonwealth nimmt Königin Elisabeth II. seit ihrer Thronbesteigung im Jahre 1952 eine einzigartige Stellung ein. Kraft ihres Amtes steht sie an der Spitze der heterogenen Völkergemeinschaft. Einige ehemalige Kolonien und Dominien erkennen sie sogar noch als Staatsoberhaupt an, so Australien, Neuseeland, Papua-Neuguinea, Kanada, Barbados und zehn weitere Staaten. Damit ist das Haus Windsor die erste und einzige globale Dynastie der Weltgeschichte. Königin Viktoria (1819–1901) hatte durch die Annahme des indischen Kaisertitels im Jahre 1876 dafür eine wichtige Voraussetzung geschaffen. Durch die ausgedehnten, früher oft monate- und wochenlangen Reisen Königin Elisabeths II. in die nun souveränen Länder des ehemaligen Reiches werden die globalen Verpflichtungen des Hauses Windsor eindrucksvoll unterstrichen.

Die politische Bedeutung des Commonwealth of Nations wird gemeinhin nicht sehr hoch eingeschätzt, obwohl ihm mehr als ein Viertel der in den Vereinten Nationen vertretenen Staaten angehören und in seinen Mitgliedsländern fast ein Drittel

der Weltbevölkerung lebt. Die Möglichkeiten des Commonwealth, als politische Kraft auf die Weltpolitik Einfluss zu nehmen, sind begrenzt. Ein gemeinsames Handeln seiner Mitgliedsstaaten kam in der Vergangenheit selten zustande und das auch
nur in untergeordneten Fragen. Es scheiterte meistens an den
unterschiedlichen Interessenlagen. Zusammengehalten wird das
Commonwealth heute im Grunde von Emotionen: von der ver-
blassenden Erinnerung an das untergegangene Empire der Briten und vom Prestige einer alten europäischen Monarchie. Alt
ist die britische Monarchie ohne Zweifel. Sie kann im Prinzip
auf eine tausendjährige Geschichte zurückschauen. Doch die
Dynastie, die in Großbritannien im 21. Jahrhundert die Krone
trägt, ist jung.

Die «Windsors» sind eine Erfindung des frühen 20. Jahrhunderts. Der Großvater Königin Elisabeths II. hat die Dynastie begründet, und zwar in einer Zeit, in der das Empire noch politische Realität war, der Träger der britischen Krone sich mit dem
Titel eines Kaisers von Indien schmücken und im Kampf gegen
eine feindliche Mächtekoalition in Europa scheinbar mühelos
an die Solidarität der Menschen in den überseeischen Kolonien
und Dominien appellieren konnte. Noch in den Jahren von
Winston Churchills zweiter Amtszeit in der Downing Street
(1951–1955) ließen Politiker in ihre öffentliche Rhetorik unbe-
fangen den sentimentalen Topos von den «treuen Kindern des
großartigen Reiches» einfließen – gleich König Eduard VII.
(1841–1910) kurz vor dem Ersten Weltkrieg, als das Empire das
solide, ebenso bewunderte wie beneidete Fundament der britischen Weltmacht war.

In den blutigen Kämpfen des Ersten Weltkriegs ging das alte
Europa unter. Große historische Reiche, die wie das zaristische
Russland von einer Dynastie oder wie Österreich-Ungarn von
der integrativen Macht eines Monarchen zusammengehalten
wurden, zerfielen. Die Nachfolgestaaten der Großreiche wech-
selten die Staatsform und verbannten die Monarchen und ihre
Dynastien in die Reservatenkammer der Geschichte. Die russischen Revolutionäre gingen 1917 sogar so weit, den abgesetzten Zaren aus dem Hause Romanow zusammen mit seiner Fa-

milie zu ermorden. In Mitteleuropa verfuhren die neuen Republikaner bei Kriegsende mit den gekrönten Häuptern weniger rigoros. Sie beließen es dabei, die Habsburger und Hohenzollern, die Wettiner und Württemberger aus ihren Palästen zu vertreiben, oder sie schickten sie ins Exil.

Am Ende des Ersten Weltkriegs schien unter den großen Staaten Europas allein das Vereinigte Königreich von Großbritannien und Irland den revolutionären Stürmen der Zeit trotzen zu können. Aus dem verheerenden Krieg ging die Monarchie dort sogar gestärkt hervor. Das hatte verschiedene Gründe. Dass Großbritannien am Ende des schrecklichen Völkerringens zu den Siegermächten gehörte, spielte eine wichtige, vielleicht sogar die entscheidende Rolle. Im hohen Alter erklärte der weise Winston Churchill: «Geht eine große Schlacht verloren, jagt das Parlament die Regierung davon. Wird eine große Schlacht gewonnen, bejubelt das Volk den König.» Er wird die Verhältnisse in Großbritannien im Blick gehabt haben.

Hinzu kam, dass sich König Georg V. und seine Berater während des Weltkrieges zu Konzessionen an den Zeitgeist und die öffentliche Meinung bereit gefunden hatten. Als in den Kriegsjahren ein übersteigerter Nationalismus das Denken und Handeln der europäischen Völker und ihrer Politiker beherrschte, gab die britische Monarchie die Vorstellung einer hochadeligen, eng miteinander verwandten Familiengemeinschaft auf – einer übernationalen Gemeinschaft, die im 19. Jahrhundert nahezu über den ganzen europäischen Kontinent verbreitet war. Sie gliederte sich zwar in verschiedene regierende Häuser, aber letztlich hielt sie an der Vorstellung von ihrer sozusagen göttlichen Berufung zu Herrschern ihrer Völker unbeirrt fest.

Nationale Belange und patriotische Erwägungen traten seit Beginn des europäischen Krieges im öffentlichen Erscheinungsbild und Handeln der Monarchen in den Vordergrund. Von Rücksichtnahme auf die engen verwandtschaftlichen Verflechtungen und Verhaltensregeln regierender Häuser war nicht mehr die Rede. Die Nationalisierung, die sich bei den europäischen Monarchien schon seit längerem angekündigt hatte, stellte sich in der Situation des Krieges als politische Notwendigkeit heraus. Dazu gehörte in Großbritannien, dass sich der Stil königlicher Verlautbarungen änderte, die Namen deutscher und österreichischer Fürsten in den Offizierslisten feudaler Regimenter gestrichen und die Standarten derjenigen deutschen Fürsten, die Ritter des britischen Hosenbandordens waren, gleich nach Kriegsbeginn aus der St.-Georgs-Kapelle von Schloss Windsor entfernt wurden. Eine weitere Maßnahme war, dass die herrschende Dynastie in einem bewussten Akt ihren Namen änderte und damit plakativ einen Trennungsstrich zwischen Gegenwart und Vergangenheit zog. Sie demonstrierte auf spektakuläre Weise einen Neubeginn und betonte unter Aufgabe vornationaler Traditionen ihre nationale Verwurzelung, die in der britischen Öffentlichkeit seit Kriegsbeginn zunächst nur verdeckt, dann aber immer offener angezweifelt worden war. Das war unbegründet, zeigte aber, wie sehr sich der Zeitgeist seit Beginn des Krieges im August 1914 in Großbritannien und anderswo verändert hatte.

Die Ablösung einer Dynastie durch eine andere ist in der Geschichte der europäischen Völker und Staaten nichts Ungewöhnliches. Eine Dynastie stirbt in Ermangelung eines direkten Erben aus, und der Nachfolger besteigt als Begründer einer neuen Dynastie den vakanten Thron. Tatsächliche oder behauptete Verwandtschaftsbeziehungen spielten beim Übergang von Herrschaft eine zentrale Rolle. Zweifel an der Legitimität einer beanspruchten Erbfolge oder rivalisierende Ansprüche mehrerer Bewerber um einen Thron führten in der Geschichte Europas immer wieder zu kriegerischen Auseinandersetzungen, zu Aufständen und zur gewaltsamen Absetzung eines Herrschers, der als Usurpator stigmatisiert war. Dynastische Namenswechsel gingen aber zumindest ebenso häufig mit Heiraten einher, zumal dann, wenn sich eine Thronerbin mit dem Angehörigen einer anderen Dynastie vermählte und dadurch den Namen ihrer Dynastie aufgeben musste.

Das Vereinigte Königreich von Großbritannien und Irland erlebte in den vergangenen drei Jahrhunderten drei Mal einen Dynastiewechsel, der sich jeweils auf friedlichem Wege vollzog. Als Königin Anna, die letzte Monarchin aus dem Hause

Stuart, 1714 ohne leiblichen Erben starb, folgte ihr Georg Ludwig (1660–1727), der Kurfürst von Hannover, als Georg I. auf
den englisch-schottisch-irischen Thron. Das britische Parlament
hatte ihn 1701, in weiser Voraussicht schon lange vor dem
Tod der Königin, in der *Act of Settlement* zum Thronfolger bestimmt. Die Sukzession Georg Ludwigs wurde also durch einen
Parlamentsbeschluss gesetzlich festgelegt.

Dass die Wahl der Parlamentarier auf den nahezu unbekann-
ten Hannoveraner fiel, ist aus heutiger Sicht verblüffend. Für
den fernen deutschen Kurfürsten sprachen aus der Sicht der Abgeordneten in London, denen es primär um die Konsolidierung
der Parlamentsmacht ging, nicht irgendwelche persönlichen
Verdienste oder seine Beliebtheit im Lande, sondern in erster Linie seine protestantische Konfession. Der Protestantismus, möglichst in anglikanischer Ausprägung, wurde von der herrschenden Elite des Landes als unverzichtbarer Bestandteil der parlamentarischen Verfassung Englands begriffen. Für den Inhaber
des Throns war deshalb die Zugehörigkeit zur protestantischen
Konfession verbindlich. Der Protestantismus bot nach Meinung
der Parlamentsmehrheit die Gewähr dafür, dass die 1689 er-
rungenen Rechte und Freiheiten (*Bill of Rights*) in Großbritannien ungeschmälert erhalten blieben und der angebliche rö-
misch-katholische Absolutismus dort nicht die Chance einer
Restauration erhielt. Die Einführung des letzteren drohte damals, so war jedenfalls im Parlament zu vernehmen, von den
zahlreichen katholischen Nachkommen der Stuarts. Deren Ansprüche auf den englischen Thron konnten nach dem Ableben
Königin Annas von den zeitgenössischen Staatsrechtlern bei genauerem Hinsehen plausibler begründet werden als die des
landfremden hannoverschen Kurfürsten Georg Ludwig. Dessen
Erbrechte ließen sich genealogisch nur mühsam konstruieren.
Sie beruhten darauf, dass seine verwitwete Mutter, die Kurfürs-
tin Sophie (1630–1714), eine Enkelin Jakobs I. (1603–1625)
war, des ersten Stuarts auf dem englisch-schottisch-irischen
Thron. Sehr überzeugend klangen die Argumente für die Erbfolge nicht; einem Haushaltsvorstand in London oder anderswo im Königreich ließen sie sich nur schwer vermitteln. Aber

wer nahm damals in den entscheidenden Kreisen darauf Rücksicht?

Ungeachtet mancher Widrigkeiten und Zweifel an der Legitimität ihres Anspruchs auf den englischen Thron konnte sich die hannoversche Dynastie in Großbritannien etablieren, obwohl sich ihre beiden ersten Vertreter König Georg I. (1714–1727) und sein Sohn Georg II. (1727–1760) häufig monatelang außer Landes aufhielten und zumindest der erste der Hannoveraner die Sprache des ihm unverhofft zugefallenen Königreichs nur mangelhaft beherrschte und für die britische Politik kaum Interesse aufbrachte. Die Minister sollen sich mit ihm in stockendem Latein verständigt haben. So will es jedenfalls die Anekdote. Wie bizarr die Situation damals auch gewesen sein mochte: Die Bevölkerung freute sich über den friedlich abgelaufenen Dynastiewechsel und bereitete Georg I. einen freundlichen Empfang, als er am 20. September 1714 mit einer sechsspännigen Kutsche feierlich in seine neue, zuvor nie gesehene Hauptstadt London einzog. Die Gefahr eines blutigen Bürgerkrieges hatte sich verflüchtigt.

Bedeutende Herrschergestalten haben die Hannoveraner in den folgenden 120 Jahren nicht hervorgebracht. Kritik an ihrer Amtsführung oder ihrem Lebensstil verstummte eigentlich nie. Der lange regierende König Georg III. (1738–1820) verlor die nordamerikanischen Kolonien Großbritanniens und zog sich wegen einer schweren Erkrankung seit 1811 aus der Öffentlichkeit zurück. Unter den beiden letzten Königen aus dem Hause Hannover, Georg IV. (1762–1830) und Wilhelm IV. (1765–1837), erreichte das Prestige der britischen Monarchie dann seinen Tiefpunkt. «Der englische Thron», notierte Jahrzehnte später der bekannte Literaturhistoriker und Biograph König Eduards VII., Sir Sidney Lee, vielleicht allzu sarkastisch, «war nacheinander von einem Schwachsinnigen, einem Sittenlosen und einem Hanswurst besetzt.» Man wundert sich im Nachhinein, warum die Monarchie damals in Großbritannien angesichts der Zustände an der Spitze des Staates nicht durch eine Revolution hinweggefegt wurde.

So hielt sich jedenfalls das Bedauern sowohl der politischen

Abb. 1: Vier Generationen: Königin Viktoria mit dem
Herzog von York (Georg V.), Prinz von Wales (Eduard VII.)
und Prinz Eduard von York (Eduard VIII.), um 1900.

Klasse als auch der Bevölkerung des Königreichs in Grenzen, als
durch die Heirat der jungen Königin Viktoria mit ihrem deutschen Vetter, dem Prinzen Albert von Sachsen-Coburg und Gotha (1819–1861), am 10. Februar 1840 die britische Dynastie
ihren Namen wechselte und damit vor aller Augen sozusagen

ein Schlussstrich unter ein unrühmliches Kapitel monarchischer Inkompetenz und Frivolität gezogen wurde. Dadurch geriet auch mehr oder weniger in Vergessenheit, dass Viktoria als Tochter des vierten Sohnes von Georg III. im Grunde auch noch eine Hannoveranerin war. Doch bestand über ihre Mutter Viktoria von Sachsen-Coburg-Saalfeld (1786–1861), Herzogin von Kent, auch schon eine verwandtschaftliche Beziehung zu den Coburgern, einer Seitenlinie des sächsischen Herrscherhauses Wettin.

Alles spricht dafür, dass der Namenswechsel des königlichen Hauses von Viktoria vorbehaltlos gebilligt wurde. In der Folgezeit bestand sie zudem darauf, dass alle männlichen Nachkommen der neuen britischen Dynastie Sachsen-Coburg und Gotha (im englischen Sprachgebrauch meistens: Saxe-Coburg-Gotha) den Namen Albert trugen, alle weiblichen den Namen Viktoria. Darüber entstanden manchmal familiäre Konflikte. Als 1865 der zweite Sohn des Prinzen von Wales, des späteren Eduards VII. (1841–1910), geboren wurde, wollten ihn die Eltern Georg Friedrich nennen. Der Großmutter Königin Viktoria gefiel das überhaupt nicht. «Ich kann die vorgeschlagenen beiden Namen für das Baby leider nicht billigen», ließ sie ihren Sohn wissen. «Ich hatte auf einen schönen alten Namen gehofft. Friedrich ist jedoch der bessere von den beiden, und ich hoffe, Ihr werdet das Baby so nennen. Georg wurde erst mit der Hannover-Familie eingeführt ... Natürlich werdet Ihr Albert hinzufügen, so wie bei Deinen Brüdern. Wie Du weißt, legten wir schon vor längerer Zeit fest, dass alle Nachkommen unseres geliebten Vaters diesen Namen tragen sollen, um unsere Linie zu bezeichnen, so wie ich auch wünsche, dass alle Mädchen den Namen Viktoria tragen. Darauf lege ich großen Wert; und so wird es in vielen großen Familien gehandhabt.» Die Eltern widerstanden dem Ansinnen der Königin, wenn auch nicht bis zur letzten Konsequenz. Am 7. Juli 1865 wurde der kleine Prinz, der spätere Georg V., in der St. Georgs-Kapelle von Schloss Windsor auf den Namen George Frederick Ernest Albert getauft. Die Familie nannte ihn Georgie.

Dass der zweitgeborene Sohn des Prinzen von Wales einmal

den Thron besteigen und den Coburger Namen der Dynastie aufgeben würde, konnte die verwitwete königlich-kaiserliche Großmutter natürlich nicht ahnen. Letzteres hätte vermutlich niemals ihre Zustimmung gefunden. Sie dachte noch ganz in den Kategorien des monarchischen Internationalismus, der im 19. Jahrhundert nicht zuletzt auch dank ihrer energisch betriebenen Heiratspolitik seine Blütezeit erlebte. Aber im politischen Kalkül König Georgs V. und seiner Berater war der Namenswechsel der Dynastie ein politischer Schachzug, der ihnen von den Zeitumständen mehr oder weniger aufgezwungen wurde. Sie verbanden mit ihm die Hoffnung, dass dadurch die Monarchie in Großbritannien die Voraussetzung für ihr Überleben im und nach dem Krieg schuf. Denn die aufgeheizte, bestürzend xenophobische Stimmung im Lande hatte seit dem fatalen August 1914, als die europäischen Staaten in den Krieg zogen, alles Deutsche zur Zielscheibe des leicht erregbaren Volkszorns werden lassen.

Die Königliche Familie blieb davon nicht verschont. Ironische Bemerkungen über ihren deutschen Ursprung und ihre verwandtschaftlichen Beziehungen zu deutschen Fürstenhäusern machten nicht nur in der britischen Oberschicht die Runde. Er frage sich, was sein kleiner deutscher Freund ihm sagen werde, soll der Premierminister David Lloyd George im Januar 1915 vor einer seiner regelmäßigen Audienzen beim König zu Freunden gesagt haben. Der republikanisch gesinnte Schriftsteller H. G. Wells sprach im April 1917, kurz nach der Abdankung des russischen Zaren, von dem traurigen Schauspiel, welches sein eigenes Land böte: England erlebe sehr schwierige Zeiten – mit «einem ausländischen und wenig anregenden Hof» im Buckingham-Palast. Möglicherweise sei er geistlos, zürnte Georg V., als ihm die Invektive zu Ohren kam. Aber die Unterstellung, er sei ein Ausländer oder denke pro-deutsch, wies er mit aller Entschiedenheit zurück.

Die angebliche Deutschfreundlichkeit des Monarchen, seine verwandtschaftlichen Beziehungen und sein deutscher Familienname waren seit Kriegsausbruch unübersehbar zum Problem geworden. Der König, der auf Kritik stets überempfindlich reagierte, war sich dessen bewusst, unterschätzte jedoch die damit verbundenen Emotionen in der britischen Öffentlichkeit. Verschärfend kam hinzu, dass seit dem Frühsommer 1917 deutsche Flugzeuge, die so genannten «Gothas» aus der Gothaer Waggonfabrik, vom besetzten Belgien aus den Südosten Englands und die britische Hauptstadt bombardierten. Die Bevölkerung war schockiert. Wie sollte der König auf die fatalen Assoziationen seines Familiennamens reagieren? Die Familienbande mit den deutschen Coburgern mussten für jedermann sichtbar zerschnitten werden. Der Direktor des Königlichen Heroldsamtes wurde auf Veranlassung des Königs konsultiert. Seine Auskunft war jedoch unsicher, gewunden, fast absurd. Wenn der Name nicht länger Sachsen-Coburg und Gotha lauten sollte, meinte er, dann vielleicht doch wieder «Hannover» oder «Guelph» (Welfen), eventuell «Wettin», keinesfalls «Stuart».

Angesichts der Kritik und der Verdächtigungen, denen die Königliche Familie seit Kriegsbeginn ausgesetzt war, entschied der König im Sommer 1917, es müsse ein neuer Name für seine Dynastie gefunden werden. Ein Name mit historischen Bezügen zu Deutschland durfte es natürlich nicht sein. Die Optionen «Plantagenet», «York», «Tudor», «Tudor-Stewart», «England», «Lancaster» und «Fitzroy» – ein Name, der den Kindern Karls II. (1660–1685) gegeben worden war – wurden von den Beratern Georgs V. diskutiert und verworfen.

Schließlich machte Lord Stamfordham (Sir Arthur Bigge), der langjährige Privatsekretär des Königs, einen Vorschlag, der sofort überzeugte: «Windsor». Das ist die kleine Stadt im Westen von London, in der Grafschaft Berkshire, wo sich eine der königlichen Residenzen befindet, die mittelalterliche Schlossanlage von Windsor. Der König äußerte sich erfreut und zufrieden über den Vorschlag Lord Stamfordhams. Neun Chefredakteure großer britischer Zeitungen, die der Privatsekretär konsultierte, bewerteten den Familiennamen «Windsor» als gute Lösung. Damit war die heikle Frage entschieden. «Ist Ihnen bewusst», schrieb am 26. Juni 1917 der ehemalige Premierminister Lord Rosebery (1847–1929) an den glücklichen Namensschöpfer, «dass Sie eine Dynastie getauft haben? Es gibt nur wenige Leute auf der Welt, die sich das zuschreiben können. Ich denke sogar, es gibt niemanden. Darauf können Sie wirklich stolz sein. Ich bewundere und beneide Sie.» Erleichterung gepaart mit Ironie.

Knapp einen Monat später, am 18. Juli 1917, veröffentlichte die Presse eine Erklärung des Königs. In ihr hieß es im Stil monarchischer Hofzirkulare: «Kraft Unseres Königlichen Willens und Unserer Königlichen Autorität erklären und verkünden Wir hiermit, dass vom Erlass dieser Königlichen Proklamation an Unser Haus und Unsere Familie als Haus und Familie Windsor bekannt sein sollen. Alle Nachkommen in der männlichen Linie Unserer Großmutter Königin Viktoria, die in diesem Königreich leben, sollen, im Unterschied zu den weiblichen Nachkommen, die heiraten werden oder geheiratet haben, den Namen Windsor tragen. Weiterhin erklären und verkünden Wir hiermit, dass Wir, unsere Nachkommen sowie alle anderen Nachkommen Unserer Großmutter Viktoria, die in diesem Königreich leben, darauf verzichten und es ihnen fortan verboten ist, die Ränge, Titel, Würden und Auszeichnungen der Herzöge und Herzoginnen von Sachsen und der Fürsten und Fürstinnen von Sachsen-Coburg und Gotha zu benutzen. Das Gleiche gilt für alle anderen deutschen Ränge, Titel, Auszeichnungen etc., die Wir besessen haben oder die Uns verliehen worden sind.» Gleichzeitig wurde auch das Königliche Heiratsgesetz (*Royal Marriage Act*) geändert. Fortan war es dem Thronfolger und den Prinzen und Prinzessinnen des Hauses Windsor gestattet, in die britische Aristokratie einzuheiraten, um auf diese Weise die Königliche Familie enger mit dem Adel des Landes zu vernetzen und im Lande stärker zu verwurzeln. Das war bis dahin nicht möglich gewesen. Bei der Partnersuche mussten sich die Anwärter auf den britischen Thron in den hochadeligen Häusern des europäischen Kontinents umsehen, und da war das Angebot nicht immer zufrieden stellend gewesen.

Mit der Proklamation vom Juli 1917, de facto ein Hausgesetz, machte sich Georg V. kraft seiner Stellung als Familienoberhaupt zum ersten Monarchen des Vereinigten Königreichs aus dem Hause Windsor. Auf die schon legendäre Königin Viktoria berief er sich als dynastische Ahne. Andere Nachkommen

Viktorias, Verwandte des Königs, die in Großbritannien lebten, folgten notgedrungen der königlichen Entscheidung, verzichteten auf ihre deutschen Titel und anglisierten ihre deutschen Namen. Von einem verbindenden Namen für alle Familienzweige nahm man Abstand. So wurden aus den beiden Schwägern des Königs, dem Herzog Adolphus von Teck und Prinz Alexander von Teck, der Marquis of Cambridge bzw. der Earl of Athlone mit dem Familiennamen Cambridge. Seine beiden Vettern Prinz Louis von Battenberg, der im Oktober 1914 seiner deutschen Herkunft wegen den Dienst als Oberkommandierender der britischen Flotte hatte quittieren müssen, und Prinz Alexander von Battenberg verwandelten sich in den Marquis of Milford Haven bzw. den Marquis of Carisbrooke. Der Name ihrer Familie lautete fortan Mountbatten.

Die Namensänderung, die die renommierte Londoner *Times* einen weisen Akt nannte, ist dem König nicht leicht gefallen. Doch er ließ sich, wenn auch widerstrebend, davon überzeugen, dass der Zeitgeist auch ihm Konzessionen abverlangte. Als Georg V. nach dem Krieg vom ehemaligen österreichisch-ungarischen Botschafter in London, Graf Mensdorff, gefragt wurde, warum er den Namen des Königshauses geändert habe, soll er geantwortet haben, der Ex-Botschafter könne sich keinen Begriff von der Atmosphäre machen, die während der Kriegsjahre in Großbritannien geherrscht habe. Die Namensänderung sei für ihn «eine absolute Notwendigkeit gewesen, wenn er und sein Haus nicht Gefahr laufen wollten, die Krone zu verlieren». Sicher eine zutreffende Bewertung der seinerzeitigen Umstände, in denen alles und jedes in den Sog des Nationalismus geraten war und der König glaubte, in seiner Stellung als Staatsoberhaupt zunehmend vom Wohlwollen der Öffentlichkeit abhängig zu sein. Dafür hatte er ein Gespür: Der Fortbestand der Monarchie im Vereinigten Königreich stand auf dem Spiel – nicht mehr und nicht weniger.

Der Namenswechsel, der aus König Georg V. aus dem Hause Sachsen-Coburg und Gotha über Nacht einen König aus dem Hause Windsor machte, stieß in der britischen Öffentlichkeit auf lebhafte Zustimmung. Der Einwand, hier handele es sich um einen willkürlichen und unüblichen Akt, wurde schnell fallen gelassen. Bei den Entscheidungen über den Namen der Königlichen Familie, so die *Times,* sei es das Ziel des Monarchen gewesen, das Königshaus mit der britischen Aristokratie stärker zu vernetzen. Das war zumindest die halbe Wahrheit.

Als Königin Elisabeth II. 35 Jahre später den Thron bestieg, bestätigte sie auf ausdrücklichen Wunsch des britischen Kabinetts den Namen Windsor für ihre Familie, ihre Nachkommen und die Dynastie. Offenbar scheint Prinz Philip, der Herzog von Edinburgh, darüber nicht glücklich gewesen zu sein. Er sei der einzige Mann im Lande, dem es nicht gestattet sei, seinen Namen an seine Kinder weiter zu geben, klagte er. König Georg V. hatte 1917 vorgeführt, dass der Name der Dynastie geändert werden konnte, wenn es der Monarch oder die Regierung wünschte. Schließlich hatte die Dynastie bei der Eheschließung Königin Viktorias mit Prinz Albert von Sachsen-Coburg und Gotha im Jahre 1840 auch den Namen gewechselt. Doch 1952 rieten die Politiker und Juristen von einem erneuten Namenswechsel ab. Beständigkeit und Kontinuität seien für den Erhalt der konstitutionellen Monarchie in Großbritannien wichtige Faktoren, meinte der Lord Chancellor, der im Londoner Kabinett Aufgaben eines Justizministers wahrnimmt. Sein Fazit: «Der Name des Königlichen Hauses sollte sich nicht ändern, wenn eine Änderung vermieden werden kann.»

Erst Jahre später kam in der Namensfrage ein Kompromiss zustande. Im Februar 1960 gab die Königin bekannt, dass ihre direkten Nachkommen fortan den Familiennamen Mountbatten-Windsor tragen würden, alle anderen Angehörigen der Königlichen Familie allein den Namen Windsor. Deshalb unterzeichneten die Kinder der Queen bei ihren Heiraten die offiziellen Dokumente mit dem Nachnamen Mountbatten-Windsor, die Kinder Prinzessin Margarets, der 2002 verstorbenen Schwester der Königin, mit Windsor. Kein Nachfolger Elisabeths II. auf dem britischen Thron ist an diese Regelung gebunden. In der Wahrnehmung der Öffentlichkeit in Großbritannien und anderswo sind die Angehörigen der Königsfamilie auch nach der Sprachregelung von 1960 weiterhin «die Windsors».

I. Vaterfigur des Empire:
Georg V. (1910–1936)

In den schwierigen Monaten des dynastischen Namenswechsels im Kriegsjahr 1917 hatte sich Georg V. aufgeschlossen gezeigt für die Anforderungen einer sich rasch verändernden Welt und für die Stimmung in der Bevölkerung, die so genannte öffentliche Meinung. Das mag auch ein Verdienst seiner Berater gewesen sein. Doch unverkennbar ist, dass der König in einer Krisensituation ein Gefühl für die Gefährdung der Institution Monarchie und politische Weitsicht bewiesen hatte. Denn dass sich eine Dynastie aufgrund äußeren Drucks umbenennt, war und ist bis heute ein ungewöhnlicher Vorgang. Vielleicht war Georg V. letzten Endes doch nicht die blasse und wenig inspirierende Herrscherpersönlichkeit, als die er in vielen Geschichtsbüchern erscheint.

Dass sich der König seit seiner Thronbesteigung im Mai 1910 für soziale Fragen, insbesondere für die Lage der Arbeiter, und die Entwicklung des großen überseeischen Reiches Großbritanniens interessierte, war bekannt. Er war 45 Jahre alt, als sein Vater Eduard VII. nach kurzer Regierungszeit starb. Bei seiner Geburt am 3. Juni 1865 in London ließ sich nicht absehen, dass Prinz Georg einmal den Thron erben würde. Als zweites Kind des damaligen Prinzen und der Prinzessin von Wales stand er an dritter Stelle in der Thronfolge. Aber die Familie und der Hof mussten bald zur Kenntnis nehmen, dass die geistigen Fähigkeiten des erstgeborenen Sohnes Albert Victor begrenzt waren und seine Gesundheit schon früh Anlass zur Sorge gab. Es war offenkundig, dass der jüngere Sohn Georg des Thronfolgerpaares die stärkere Persönlichkeit und robustere Physis hatte.

Albert Victor («Prinz Eddy») starb 1892, gerade einmal 28 Jahre alt. Damit rückte der ein Jahr jüngere Georg in eine Position, für die er wie sein älterer Bruder im Rahmen des damals und auch heute noch weitgehend Üblichen vorbereitet war. Auf eine Erziehung, die den Nachdruck auf die Ausbildung der intellektuellen Fähigkeiten legt, wurde und wird bewusst verzichtet. Ein junger Privatlehrer unterrichtete die beiden Prinzen auf dem Landsitz Sandringham House der Königlichen Familie in Norfolk. Ganz ungewöhnlich für die Zeit des aristokratischen Internationalismus war, dass im Unterrichtskanon für die Prinzen Fremdsprachen offenbar nur am Rande eine Rolle spielten. Der spätere König Georg V. hatte sich, ungeachtet seiner internationalen verwandtschaftlichen Beziehungen, allenfalls Grundkenntnisse in Französisch und Deutsch angeeignet, die er durch mehrmonatige Aufenthalte in Lausanne (1882–83) und Heidelberg (1892) aufzubessern versuchte. Seine Lesefertigkeit in beiden Sprachen blieb jedoch begrenzt. Der Grund für die Vernachlässigung seiner Sprachkenntnisse mag eine mangelnde Sprachbegabung des Prinzen gewesen sein, vielleicht auch Gleichgültigkeit bei den Eltern.

1. Jahre auf See und im Wartestand

Schon früh stand fest, dass Georg einmal bei der Königlichen Marine dienen würde. Im September 1877 begann für den damals erst Zwölfjährigen das harte Leben auf einem Ausbildungsschiff der *Royal Navy* in Begleitung seines älteren Bruders und des Privatlehrers John Dalton. Die beiden Brüder wurden auf der *HMS Britannia* wie die anderen zweihundert Kadetten behandelt. Das war der ausdrückliche Wunsch des Vaters. «Es nützte mir überhaupt nicht, dass ich ein Prinz war», erinnerte sich Georg V. später, «und oft wünschte ich, keiner zu sein.» Er erwähnte Schikanen und üble Streiche der anderen Kadetten. Sie taten das, meinte er im Rückblick, wozu sie später keine Gelegenheit mehr haben würden.

Das Londoner Kabinett unter dem Premier Lord Beaconsfield (Benjamin Disraeli) wies vergeblich auf die Gefahren für die Erbfolge hin, wenn beide Prinzen gleichzeitig auf demselben Schiff Dienst taten, zumal in Gewässern wie dem Nordatlantik oder dem südlichen Indischen Ozean, die wegen ihrer schweren

Stürme berüchtigt sind. Die berechtigten Einwände der besorgten Regierung blieben bei der Königlichen Familie ohne Resonanz. Eine aufgebrachte Königin Viktoria empfand sie als unzulässige Einmischung in die Privatangelegenheiten ihrer Familie. Seit 1879 nahmen die beiden Söhne des Thronfolgers auf der kleinen Korvette *HMS Bacchante* drei Jahre lang an ausgedehnten Reisen teil: zunächst ins Mittelmeer und in die Karibik, 1880 nach Irland und Spanien und daran anschließend zwei Jahre lang von September 1880 bis August 1882 nach Südamerika, Südafrika, Australien und Ostasien. Zwischen Südafrika und Australien geriet die *Bacchante* in schwere See und verlor mehrere Mitglieder ihrer Mannschaft. Ein zweibändiger Bericht über die abenteuerliche Seereise, der sich angeblich auf die Briefe und Tagebücher der Prinzen stützte, erschien 1886 bei einem Londoner Verlag. 1883–84 segelte Georg ohne den Bruder nach Kanada und erneut in die Karibik. Anschließend besuchte er ein halbes Jahr lang die Königliche Marineakademie in Greenwich. Seit 1889 übernahm der nun 24-Jährige das Kommando auf kleineren Kriegsschiffen, zuletzt 1892 auf dem Kreuzer *HMS Melampus*.

Mit dem Tode des älteren Bruders im Januar 1892 endete ziemlich abrupt Georgs Karriere bei der Marine, die seinen Charakter, sein Denken und seinen Lebensstil als Thronfolger und König formte. Sein Leben unterlag fortan weitaus größeren Zwängen als bisher. Doch die nahezu fünfzehn aktiven Jahre bei der Marine, die meisten davon auf See, hatten ihn tief geprägt. Zeitlebens verstand sich der Kronprinz und König als Seemann. Sein Privatleben wurde davon bestimmt. Immer dann, wenn es um Erziehungsfragen ging, nahm er auf die außerordentliche Härte und die Vorzüge der Kadettenausbildung bei der Marine Bezug. Und vor langen und gefährlichen Reisen schreckte er auch in reiferen Jahren nicht zurück.

Als er 1910 den Thron bestieg, kannte Georg V. dank seiner seemännischen Ausbildung wie kein britischer Monarch vor ihm weite Teile des Empire aus eigener Anschauung. An Weltkenntnis konnte es kein anderer Herrscher seiner Zeit mit ihm aufnehmen, auch nicht sein unruhiger deutscher Vetter Wilhelm II.,

Abb. 2: Becher zur Erinnerung an die
Krönung Georgs V., 22. Juni 1911.

dessen publizistisch aufgebauschte Segeltörns zwischen Nord-
kap und Mittelmeer die europäische Politik gelegentlich in Atem
hielten – wegen der hinter ihnen vermuteten politischen Absichten und der mit ihnen einhergehenden kaiserlichen Rhetorik.

Zu den Zwängen, mit denen sich der junge Prinz seit dem
Tode des Bruders konfrontiert sah, gesellten sich Kuriositäten
wie die Umstände seiner Verheiratung. Im August 1891 war für
seinen älteren Bruder Albert Victor die Verlobung mit der 24-
jährigen Prinzessin Viktoria Maria («Princess Mary») aus dem
nicht ebenbürtigen Hause Teck arrangiert worden. Sie war die
einzige Tochter des in England lebenden Herzogs Franz von
Teck (1837–1900), Sohn des Herzogs Alexander von Württem-
berg (1804–1885), der eine ungarische Gräfin geheiratet hatte,
und mütterlicherseits eine Enkelin König Georgs III. Der über-
raschende Tod Albert Victors, des ältesten Sohns des Prinzen
von Wales, nur ein knappes halbes Jahr nach der Verlobung mit
Viktoria Maria rief die 73-jährige Großmutter Königin Viktoria

auf den Plan. Für alle Angelegenheiten ihrer weit verzweigten Familie hatte sie stets ein waches Auge und starkes Interesse. Was lag näher, so argumentierte sie angesichts der tragischen Situation, als eine Verheiratung des zweitgeborenen Prinzen Georg mit der intelligenten und gebildeten, wenngleich unvermögenden Braut des verstorbenen Bruders?

Der Prinz fügte sich den Wünschen seiner ebenso energischen wie willensstarken Großmutter und heiratete am 6. Juli 1893 nach kurzer Verlobungszeit im Londoner St.-James's-Palast Viktoria Maria von Teck (1867–1953). Von einer Liebesromanze konnte anfänglich keine Rede sein. Aber die Ehe wurde glücklich und deshalb zum gern zitierten Beispiel für alle diejenigen, die auch noch im 20. und 21. Jahrhundert an den Nutzen und Erfolg arrangierter ehelicher Verbindungen glauben. Auch Königin Viktoria war glücklich über den folgsamen Enkel, der so ganz anders war als ihr eigener Sohn, der spätere Eduard VII. «Georgie ist hier ...», berichtete sie im Sommer 1894 einem Verwandten. «Er ist ein lieber Junge, so bemüht, alles richtig zu machen und sich zu vervollkommnen.»

Als die betagte Königin das schrieb, war der Prinz noch damit befasst, sich in seiner neuen Rolle zurecht zu finden. In der konstitutionellen Monarchie ist für den Thronfolger und noch weniger für den Sohn des Thronfolgers im Grunde keine offizielle Aufgabe vorgesehen. Beide müssen geduldig auf den Erbfall warten, dürfen sich derweil um ihre Familien kümmern und ihren Vergnügungen nachgehen – kurz, müssen sich bis zur Übernahme des Throns irgendwie die Zeit vertreiben. Wer pflichtbewusst ist, wird versuchen, sich auf seine zukünftige herausragende Stellung vorzubereiten. Regeln oder bewährte Rezepte dafür gibt es nicht, allenfalls Konventionen, die aber in Großbritannien erst in der «Lehrzeit» des Prinzen Georg im ausgehenden 19. Jahrhundert in festere Formen gegossen wurden.

Zu den Konventionen gehören seither die stärkere Präsenz des oder der potentiellen Nachfolger/in des Monarchen in der Öffentlichkeit, die Betonung ihres Rangs durch entsprechende Titel und die gelegentliche Vertretung des Monarchen bei offiziellen Anlässen. Was die Titel angeht, so machte Königin Vikto-

ria ihren Enkel Georg im Mai 1892 zum Herzog von York. Kurze Zeit nach der Thronbesteigung des Vaters als Eduard VII.
(1901) erhielt Georg dann den Titel Prinz von Wales, den sein
Vater sechzig Jahre lang getragen hatte.

Der Lebensstil des herzoglichen Paares blieb vergleichsweise
bescheiden. Zwar verfügte es im Londoner St.-James's-Palast
über ein komfortables Appartement, doch die meiste Zeit verbrachte es in einer Villa auf dem weitläufigen Gelände von Sandringham House in Norfolk. Dort wurden auch die sechs Kinder des Paares geboren. Wieder, wie bei der Geburt des Prinzen
Georg drei Jahrzehnte zuvor, intervenierte die Großmutter, als
es um die Taufnamen der beiden ersten Söhne des Paares ging:
Prinzen der Coburger Dynastie, so drängelte sie, müssten auch
den Namen Alberts, des 1861 verstorbenen Prinzgemahls, tragen. So geschah es.

In Sandringham führten die Yorks seit ihrer Heirat ein zu-
rückgezogenes Leben, das von den Gepflogenheiten und Freu-
den des Landlebens bestimmt wurde. Mit dem Attribut «zurückgezogen» mag man diesen Lebensabschnitt beschreiben.
Harold Nicolson, Georgs Biograph, zeigte sich befremdet über
die Leere dieser Jahre. Als Herzog von York habe der spätere
König «siebzehn Jahre lang nichts anderes getan», schrieb er
1949 an seine Frau, als bei Jagdausflügen «Tiere zu töten und
Briefmarken in Alben zu ordnen».

Das war ein hartes, aber wahrscheinlich zutreffendes Urteil
von jemandem, der dem König wiederholt begegnet war. Es lassen sich in diesen Jahren des Wartens aber auch Aktivitäten
nachweisen, die als Vorbereitung auf die dem Prinzen dereinst
zufallenden Aufgaben angesehen werden können. Dazu gehörte
das Studium von Walter Bagehots *The English Constitution*.
Das Werk war 1867 erschienen und seitdem Pflichtlektüre eines
jeden britischen Thronfolgers. Bagehot (1826–1877) hat in seinem einflussreichen Buch, das in Großbritannien für Staats-
rechtler und Politiker binnen kurzem eine geradezu kanonische
Qualität gewann, die verfassungspolitischen Rechte und die
Stellung des Monarchen in der britischen Demokratie einer bis
heute gültigen Analyse unterzogen. Demnach ist das aufwändi-

ge königliche Zeremoniell letzten Endes nur noch eine willkommene Fassade, hinter der die eigentlichen Regierungsgeschäfte ungestört von monarchischer Einflussnahme erledigt werden können. Der Träger der Krone ist bei näherem Hinsehen machtlos, stellte Bagehot fest. Im Grunde habe er nur das Recht, von den verantwortlichen Politikern befragt zu werden, sie zu ermutigen und zu warnen.

Im Königlichen Archiv auf Schloss Windsor wird ein Notizbuch aufbewahrt, in dem der junge Herzog von York Bagehots Umschreibung der königlichen Befugnisse in der konstitutionellen Monarchie Großbritanniens zusammengefasst hat. Im März 1894 notierte er darin seine Schlussfolgerung: «Obwohl es möglich ist, sich ein politisches System ohne Monarchie vorzustellen, so ist sie doch in einem Staat, in dem es schon eine Monarchie des englischen Typs gibt, immer noch eine große politische Kraft. Einem fähigen Monarchen öffnet sie eine glänzende Karriere; er ist von den Parteien unabhängig und deshalb unparteiisch; seine Stellung garantiert ihm, dass sein Rat mit Respekt gehört wird; und er ist der einzige Staatsmann im Lande, dessen politische Erfahrung sich kontinuierlich erweitert.» Der Herzog hatte die Grundthese des Autors verstanden.

Was Bagehot über die Monarchie in Großbritannien und die Träger der Krone zu sagen hatte, war nicht immer schmeichelhaft und für Leser königlichen Geblüts manchmal auch wenig ermutigend. Die Erziehung eines Prinzen könne man getrost vernachlässigen, meinte Bagehot beispielsweise, zumal Angehörige einer königlichen Familie nach seinem Eindruck im Allgemeinen weniger talentiert seien als die anderer Familien. «Die Tätigkeiten eines konstitutionellen Monarchen», las der junge Georg bei Bagehot, «sind gewichtig, formell und bedeutend, aber niemals aufregend. Sie können das Blut nicht in Wallung bringen, nicht die Phantasie anregen und keine gewagten Einfälle auslösen.» Der Herzog, dessen Einführung in die Politik des Landes sich bislang auf Gespräche mit dem Vater beschränkte, nahm an den bissigen Formulierungen des scharfsinnigen Journalisten und Verfassungsrechtlers Bagehot, soweit bekannt, keinen Anstoß. Dessen Verortung der Monarchie in der parlamentarischen Demokratie Großbritanniens entsprach seinem phlegmatischen Naturell und seinen Ambitionen. Und von «gewagten Einfällen» hielt er überhaupt nichts.

2. Reisen nach Australien und Indien

Bedeutsamer für die politische Erziehung des Herzogs und sein Verständnis der zeitgenössischen Außen- und Kolonialpolitik wurden die Reisen, die er nun häufiger mit Billigung der Königlichen Familie und der Regierung unternahm. Sie führten ihn im November 1894 nach Russland zur Beerdigung seines Onkels, des Zaren Alexander III., 1897 nach Irland und im Jahre 1900 auf Einladung seines Vetters Kaiser Wilhelm II. nach Berlin. Dessen ältester Sohn feierte seinen 18. Geburtstag.

Im März 1901, wenige Wochen nach dem Ableben von Königin Viktoria, brach das nunmehrige Thronfolgerpaar zu einer monatelangen Reise nach Australien, Neuseeland, Südafrika und Kanada auf. Ausgedehnte Reisen in die Länder des Empire bzw. Commonwealth gehören seitdem zu den Aufgaben des britischen Thronfolgers und Monarchen. Weder Königin Viktoria noch ihr Sohn Eduard VII. waren dazu bereit gewesen. Dabei hatte der große humanistische Gelehrte Erasmus von Rotterdam (1469–1536) den Herrschern das Reisen schon vor fast fünfhundert Jahren empfohlen: Der «christliche Fürst» solle Geschichte und Geographie studieren und sein Königreich bereisen, um sein Volk verstehen zu können. Die Empfehlung des Erasmus gehörte seither für die herrschenden Häuser Europas zum eisernen Bestand der von ihnen zu beachtenden Verhaltensregeln.

In Melbourne eröffnete der Herzog von York, der erst Monate später den Titel Prinz von Wales erhielt, am 9. Mai 1901 das erste Parlament des neuen Commonwealth von Australien. Zahllose weniger bedeutende offizielle Anlässe in den von ihm besuchten Teilen des Empire folgten. In seinem Tagebuch, das er ein Leben lang führte, hielt Georg pedantisch fest, welches Programm er während der fast achtmonatigen Weltreise absolvieren musste: Er habe 544 Ansprachen über sich ergehen las-

sen, 4329 Orden verliehen und allein bei offiziellen Empfängen
24 855 Leuten die Hand gegeben.

Man wird annehmen dürfen, dass der intellektuelle Ertrag
der langen Reise für den Thronfolger wichtiger war, als es seine
statistischen Zahlenspiele vermuten lassen. Unverkennbar war
er ein guter Beobachter. Als einer der ersten unter seinen Zeitgenossen bemerkte er den Wandel der Reichsidee. Insbesondere
die weißen Siedlerkolonien Neuseeland, Australien und Kanada
lösten sich Schritt für Schritt aus der Abhängigkeit vom Mutterland, und ihre Bewohner entwickelten, so der Eindruck des
Prinzen, eine doppelte Loyalität. Ihre Loyalität gelte nun in erster Linie ihrem sich formierenden Staatswesen. Aber daneben
bestehe ihre emotionale Bindung an das Mutterland in Europa
fort. Aus der Sicht des Prinzen von Wales stellte das Empire
nicht länger eine Ansammlung von eher zufällig erworbenen
Territorien auf allen Kontinenten dar, sondern eine Vereinigung
freier, demokratischer und sich rasch entwickelnder Gemeinschaften, die jenseits aller parteipolitischen Überzeugungen in
der britischen Monarchie ein Symbol ihrer Zusammengehörig-
keit erblickten und in der britischen Flotte einen Garanten ihrer
Sicherheit. Zwischen den Völkern, die er in Übersee besucht
habe, und der Monarchie im fernen England bestehe eine geradezu mystische Verbindung, so der Prinz. Der begeisterte Empfang, der ihm auf den Stationen seiner Reise überall bereitet
worden war, sei dafür ein eindrucksvolles Zeugnis.

In den nächsten Jahren folgten weitere Reisen des Thronfolgers, so wieder nach Berlin 1902, nach Wien und Stuttgart 1904
und schließlich im Winter 1905–06 eine sechsmonatige Reise
quer durch das riesige Britisch-Indien, dem so genannten «Ju-
wel in der Krone». Erst im Mai 1906 kehrte er nach London
zurück. Zum umfangreichen Programm des Prinzen von Wales
in Indien gehörte dabei auch ein Zusammentreffen mit dem politisch gemäßigten Gopal Krishna Gokhale (1866–1915), dem
damaligen Präsidenten der Indischen Kongresspartei, die für die
Selbstverwaltung und letztlich die politische Unabhängigkeit
des Subkontinents eintrat. Ihr Gespräch war mehr als der bei
solchen Anlässen übliche *small talk*. Aber es ist nicht erkennbar,

dass der britische Thronfolger bei dieser Gelegenheit oder in
den Folgejahren die Bedeutung und Stärke der indischen Nationalbewegung richtig einzuschätzen vermochte. Das gilt selbst
noch für die Zeit, als sie von Mahatma Gandhi geführt wurde.

Möglicherweise hatten die örtlichen politischen und militärischen Vertreter der britischen Kolonialmacht ebenso wie die indischen Würdenträger und Potentaten dem illustren Besucher
aus dem fernen Großbritannien ein falsches Bild vermittelt. Die
Paläste der Maharadschas, die pompösen Festlichkeiten und die
legendären Tigerjagden verstellten dem Sohn des Königs und
Kaisers den Blick für die indische Wirklichkeit. Aber dass die
britische Kolonialverwaltung verbessert werden konnte und
ihre Arroganz gegenüber der indischen Bevölkerung nicht mehr
zeitgemäß war, blieb dem Prinzen mit seinem gesunden Menschenverstand nicht verborgen. Zurück in London plädierte er
unter dem Einfluss seiner Berater und dem noch frischen Eindruck seiner eigenen Beobachtungen in «diesem wunderbaren
und faszinierenden Land» für «größere Sympathie» auf Seiten
der Kolonialherren und stieß damit beim neuen Indienminister
in der britischen Regierung, dem Liberalen John Morley (1838–
1923), auf viel Verständnis. Zumindest mental wurden in diesen Jahren in Großbritannien die Weichen gestellt für die stärkere Einbeziehung indigener Führungsschichten in die Kolonialverwaltung und schließlich für die Unabhängigkeit des
Subkontinents vier Jahrzehnte später.

3. König in Krisenzeiten

Nach der Rückkehr von seiner Indienreise wurde der Prinz von
Wales ausführlicher als vorher über die politischen Alltagsge-
schäfte der Londoner Regierung informiert. Das hing nicht zuletzt mit dem Gesundheitszustand seines nun 65-jährigen Vaters
zusammen, der zunehmend unter Atemwegs- und Herzproble-
men litt. Als Georg nach dem Tode Eduards VII. am 6. Mai
1910 den Thron bestieg, hielt ihn der Premierminister Herbert
Asquith (1852–1928) ungeachtet seiner «guten und gewin-
nenden Eigenschaften» gleichwohl für politisch unerfahren.

Andere urteilten weniger skeptisch. Der ehemalige Premierminister Lord Rosebery, ein Freund der Königlichen Familie und sozusagen ein *elder statesman*, sprach im September 1910 von den großen Vorzügen des neuen Königs: Er habe viele Jahre bei der Marine gedient, er kenne das Weltreich aus eigener Anschauung wie kaum ein anderer, und er habe sein Interesse an dessen Wohlergehen mit «denkwürdigen Worten und Taten» bekundet. Zudem zeige der neue Mann auf dem Thron Pflichtbewusstsein und verfüge über die Fähigkeit, die Herzen und die Phantasie der Menschen anzurühren.

Ob Georg V. wirklich die ihm von Lord Rosebery zugeschriebenen Fähigkeiten besaß, mag bereits unter den Zeitgenossen umstritten gewesen sein. Unbestritten war jedoch, dass die Londoner Bevölkerung das aufwändige Spektakel seiner Krönung am 22. Juni 1911 mit großer Anteilnahme und Begeisterung verfolgte. Für eine gute Show ist das theaterbegeisterte Publikum der großen Metropole immer zu mobilisieren.

Am Abend des Krönungstages fand der König noch die Zeit, die Ereignisse des Tages in seinem Tagebuch festzuhalten. «Der Himmel war bedeckt und wolkig», notierte der ehemalige Seemann. «Wir hatten einige Schauer und eine kräftige kühle Brise, was aber für die Leute besser war als große Hitze. Heute war wirklich ein großer und denkwürdiger Tag in unserem Leben, den wir nie vergessen werden ... Hunderttausende bereiteten uns einen großartigen Empfang. Die Zeremonie in der Abtei [von Westminster] war sehr schön, aber es war eine harte Probe. Sie war erhebend, doch einfach und höchst würdevoll und verlief ohne die geringste Störung. Wir verließen die Westminster-Abtei um 14.15 Uhr (vor 11.00 Uhr waren wir dort angekommen) mit unseren Kronen auf dem Kopf und unseren Zeptern in den Händen. Dieses Mal fuhren wir durch die Mall, St. James'-Straße und Piccadilly. Die Menschenmengen waren enorm und die Straßendekorationen sehr hübsch. Nachdem wir kurz vor 15.00 Uhr im Buckingham-Palast angekommen waren, gingen Mary und ich hinaus auf den Balkon und zeigten uns den Menschen ... Den Rest des Nachmittags verbrachte ich arbeitend mit [Sir Arthur] Bigge. Ich beantwortete Telegramme und Briefe, die ich zu Hunderten erhalten hatte. Derweil hatte sich eine so große Menschenmenge vor dem Palast versammelt, dass ich noch einmal auf den Balkon hinaustrat. Unsere Gäste dinierten mit uns um 20.30 Uhr. Mary und ich zeigten uns noch einmal den wartenden Menschen. Danach schrieb und las ich. Ziemlich erschöpft. Ging um 23.45 Uhr zu Bett.» So endete ein großer Tag im öffentlichen Leben des Landes – aus der Sicht jenes Mannes, der im Mittelpunkt des Geschehens gestanden hatte.

Im Rückblick auf seine 26-jährige Amtszeit sind sich Historiker und Verfassungsrechtler weitgehend darin einig, dass sich Georg V. der zurückgenommenen Stellung des konstitutionellen Monarchen im britischen Verfassungsgefüge und seiner eher symbolischen Macht in der parlamentarischen Demokratie des 20. Jahrhunderts bewusst war. Die Lektüre von Walter Bagehots *The English Constitution* hatte er verinnerlicht und als Richtschnur seinem Amtsverständnis und seiner Amtsausübung zugrunde gelegt. In der Innen- wie in der Außenpolitik handelte er ausschließlich auf Veranlassung und mit Einverständnis der jeweils amtierenden Regierung, unabhängig davon, welche Partei sie stellte. Alles, was in den offiziellen Verlautbarungen in seinem Namen geschah, ging auf Beschlüsse der Regierung bzw. des Parlaments zurück.

Diese politische Praxis bedeutete indes nicht, dass der König im privaten Kreise mit seiner Meinung hinter dem Berg hielt oder Konflikten mit den verantwortlichen Politikern grundsätzlich aus dem Wege ging. Die Biographie Georgs V. von Harold Nicolson, ein glänzendes Werk, das sich auf Quellen aus dem Königlichen Archiv in Schloss Windsor stützt, gibt dafür zahlreiche Beispiele. Oft kleidete der König seine abweichende Meinung in eine Frage an den Premierminister oder gelegentlich auch an den zuständigen Ressortchef. Doch Meinungsverschiedenheiten mit Ministern wurden hinter verschlossenen Türen ausgetragen. Einzelheiten gelangten praktisch nie an die Öffentlichkeit. Als zum Beispiel der Premierminister David Lloyd George (1863–1945) Anfang November 1918 den König um die Auflösung des Parlaments und die Ausschreibung von Neuwahlen bat, erhob dieser Einwände. Georg V. «warnte» seinen

Minister: Er sei gegen Neuwahlen zum gegenwärtigen Zeitpunkt und nannte dafür Gründe. Lloyd George verwarf indes
die Argumente, die der König vorbrachte, so dass diesem nichts
anderes übrig blieb, als die Auflösungsorder zu unterschreiben.

Häufig, wie etwa 1911 bei den Auseinandersetzungen über
die verfassungsrechtliche Stellung des Oberhauses oder bei den
schwierigen Gesprächen über die *Home Rule* Irlands seit 1910
oder während des so genannten Generalstreiks 1926, ergriff der
König die Initiative, um festgefahrene Verhandlungen wieder in
Gang zu bringen. Wenn er sich von den Ministern nicht korrekt
informiert fühlte, protestierte er. Entspreche Beispiele finden
sich dafür in den Archiven zur Genüge. Doch Georg V. hatte
akzeptiert, dass im Großbritannien des 20. Jahrhunderts dem
Monarchen ein unabhängiges politisches Handeln verwehrt
war. Der Monarch müsse sogar, meinte schon Walter Bagehot
sarkastisch, sein eigenes Todesurteil unterschreiben, wenn es
das Parlament beschließen würde. Interventionen in die Regierungsgeschäfte, die noch seine Großmutter Königin Viktoria
zum Missfallen ihrer Minister nicht scheute, hätte sich Georg V.
in realistischer Einschätzung der politischen Wirklichkeit im
Zeitalter der Demokratie und des Parlamentarismus nicht gestattet.

Nur zweimal sah er sich in einer Situation, in der er einen be-
grenzten politischen Entscheidungsspielraum hatte. Im ersten
Fall musste nach dem Rücktritt des kranken Andrew Bonar
Law (1858–1923) im Mai 1923 ein neuer Premierminister be-
rufen werden. Der König hatte die Wahl zwischen zwei von ihrer Partei anerkannten Kandidaten für das Amt, die bei ihrer
Berufung beide theoretisch von einer Mehrheit der Unterhausabgeordneten gestützt würden. Georg V. entschied sich, nach
Beratungen mit erfahrenen Parteipolitikern, für den 56-jährigen
Stanley Baldwin (1867–1947), den er persönlich favorisierte,
und gegen den älteren Lord Curzon (1859–1925), den Aristo-
kraten und ehemaligen Vizekönig von Indien. Im zweiten Fall
überredete der König 1931 den amtierenden Premier Ramsay
MacDonald (1866–1937), der der Labour-Partei angehörte,
nicht zurückzutreten, sondern eine Koalitionsregierung zu bil-

den, wie sie von den drei beteiligten Parteien im Grundsatz vereinbart worden war. So kam dank seines persönlichen Einsatzes die schwierige Koalition zustande.

Auch wenn die britische Verfassungswirklichkeit kaum Spielraum für eigenständige Entscheidungen lässt, verfügt jeder Monarch über Einfluss, den er auf unterschiedliche Weise und im Sinne eigener Interessen und Vorstellungen ausüben kann. Insofern sind die Persönlichkeit des Königs und seine Erfahrungen als Staatsoberhaupt durchaus von erheblichem politischem Gewicht. Georg V. bildete hier keine Ausnahme.

Mit innenpolitischen Fragen musste er sich angesichts vielfältiger Krisen, die in den Jahren vor und nach dem Ersten Weltkrieg das Vereinigte Königreich erschütterten, notgedrungen vom Tage der Thronbesteigung an intensiv beschäftigen. Für die Außenpolitik seines Landes und das diplomatische Geschäft, schreibt sein Biograph Harold Nicolson, habe Georg V. im Unterschied zu dem frankophilen Eduard VII., seinem verstorbenen Vater, hingegen nur wenig Interesse gezeigt. Ausländer hätten ihn gelangweilt. Diese Behauptung mag eine Blüte des Londoner Gesellschaftsklatschs gewesen sein, um den höchst unterschiedlichen Lebens- und Hofstil von Vater und Sohn zu karikieren.

Persönliche Vorlieben für oder Antipathien gegen bestimmte Länder und Personen habe der König, so Nicolson, nicht gehabt. Unter den Fürstenhäusern Europas habe er allerdings besondere Sympathie für das dänische Königshaus, aus dem seine Mutter stammte, und die Königliche Familie Griechenlands empfunden. Ein ausgesprochen herzliches Verhältnis hatte Georg V. zu «dearest Nicky», dem russischen Zaren Nikolaus II. (1868–1918), ein korrektes, manchmal sogar freundschaftliches zum deutschen Kaiser Wilhelm II. (1859–1941). Mit allen war er verwandt. Den Beschluss der Pariser Friedenskonferenz im Juni 1919, den abgesetzten deutschen Kaiser vor ein internationales Gericht zu stellen, missbilligte er und ließ das die Regierung wissen. 1924 gab der König Premierminister Ramsay MacDonald zu verstehen, dass er einem diplomatischen Vertreter Sowjetrusslands, das die Ermordung der Zarenfamilie zu

verantworten habe, nur mit größtem Widerwillen eine Audienz
gewähren würde. Erst im März 1930 war es schließlich nicht
mehr zu umgehen, dass der König den neuen sowjetischen Botschafter empfing. Der König ließ der Regierung gegenüber keinen Zweifel daran, dass er die Begegnung mit dem Vertreter der
Sowjetmacht in London als Zumutung empfand.

Der englische König, der russische Zar und der deutsche Kaiser waren Vettern. Das Schicksal der Zarenfamilie hat Georg V.
betrauert, aber 1917 ungeachtet aller verwandtschaftlichen Beziehungen und freundschaftlichen Gefühle davon abgeraten, ihr
in England Asyl anzubieten. Er fürchtete damals offensichtlich
um den Fortbestand des eigenen Throns. Die Verbindung zum
deutschen Vetter Wilhelm war bereits 1914 endgültig abgeris-
sen. Dass das Verhältnis des Königs zu Deutschland schon zuvor höchst zwiespältig war, mag mit der Persönlichkeit Wil-
helms II. zusammengehangen haben. Das verhängnisvolle deutsche Flottenrüsten seit der Jahrhundertwende, das der Kaiser so
enthusiastisch unterstützte, hatte Georg V. als ehemaliger Marineoffizier jedenfalls mit Sorge beobachtet.

Der Monarch bedauerte die zunehmende Schärfe in den
deutsch-britischen Beziehungen seit der Jahrhundertwende, die
nicht zuletzt durch neurotische Reaktionen und absurde Animo-
sitäten bei Politikern und in der Öffentlichkeit auf beiden Seiten
des Ärmelkanals verursacht wurden. Bei Zusammenkünften mit
dem deutschen Kaiser plädierte er für Mäßigung und versuchte
im persönlichen Gespräch, die bilateralen Irritationen aus dem
Wege zu räumen. Das geschah zum letzten Mal im Mai 1913 in
Berlin, als das britische Königspaar der Einladung zu den Feier-
lichkeiten anlässlich der Hochzeit der Kaisertochter Viktoria
Luise mit Herzog Ernst August von Braunschweig-Lüneburg
folgte. Es dauerte dann mehr als ein halbes Jahrhundert, näm-
lich bis 1965, bevor ein britischer Monarch wieder zu einem
Besuch in Deutschland weilte.

Von der Vorstellung des «dear little Germany», die in der ersten Hälfte des 19. Jahrhunderts das britische Deutschlandbild
in den Ober- und Mittelschichten beherrschte, hatte sich auch
Georg V. in den Jahren vor dem Ersten Weltkrieg längst verab-

Abb. 3: Georg V. an der Westfront:
Zu seiner Rechten die Generäle Weygand und Haig, zur Linken General Foch.

schiedet. Das von Bismarck begründete Deutsche Reich war
zum weltpolitischen und wirtschaftlichen Rivalen geworden.
Dennoch: Als der europäische Krieg Anfang August 1914 mit
dem Überfall des Deutschen Reiches auf das neutrale Belgien
begann, war das für Georg V. eine «schreckliche Katastrophe».
Schon bald nach dem Krieg plädierte er für Entgegenkom-
men und Versöhnung mit dem besiegten Feind. Den Weg zum
Vertrag von Locarno, der 1925 die Beziehungen der europäischen Mächte auf eine neue Grundlage stellen sollte, begleitete
er in enger Fühlungnahme mit dem Außenminister Austen
Chamberlain (1863–1937) und dem langjährigen britischen
Botschafter im Berlin der Weimarer Republik, Lord D'Abernon
(1857–1941). Als der Vertrag unterzeichnet wurde und Deutschland im folgenden Jahr dem Genfer Völkerbund beitrat, glaubte der König wie viele seiner Zeitgenossen in Europa, nun sei
der Friede in Europa für viele Jahre gesichert.

4. Der Abendglanz des Empire

Das eigentliche, nie nachlassende Interesse des Königs galt dem überseeischen Weltreich und seiner engen Bindung an das Mutterland. Seit seinem Besuch 1905–06 hatte ihn vor allem der indische Subkontinent verzaubert. Dessen politische Entwicklung verfolgte er seitdem mit großer Anteilnahme. Als um 1907–08 in London umfangreiche politische Reformen für Britisch-Indien diskutiert wurden, setzte er sich für die stärkere Einbeziehung der indischen Fürsten in die koloniale Verwaltung ein, weil dadurch, so glaubte er, den Forderungen der indischen Nationalbewegung effektiver begegnet werden könne. Wäre es nicht sinnvoll und nützlich für die Stabilisierung der britischen Herrschaft in Indien, wenn er, der König, der wie sein Vater und seine Großmutter den indischen Kaisertitel trug, höchstpersönlich einen demonstrativen Beitrag leisten würde, um die Loyalität der indischen Bevölkerung zu ihrem Herrscher in Europa und seinem Vertreter vor Ort, dem Vizekönig, zu vertiefen?

Der verblüffende, geradezu revolutionäre Vorschlag, so kurz nach seiner Krönung nach Indien zu reisen und dort gewissermaßen die Kaiserkrönung nachzuholen, stammte von Georg V. selbst. Noch kein britischer Monarch vor ihm hatte sich auf so etwas eingelassen. «Seit ich vor fünf Jahren Indien besuchte», schrieb der König nach Rücksprache mit dem Premier Herbert Asquith (1852–1925) im September 1910 an den Indienminister John Morley, der als entschiedener Reformer galt, «bin ich von dem großen Nutzen überzeugt, den ein Besuch des Souveräns in diesem großartigen Reich bringen würde... Ich bin davon überzeugt, dass es für unser ganzes Land von größtem Nutzen wäre, wenn mir und der Königin eine Reise nach Indien möglich wäre, um in Delhi einen Krönungs-Durbar abzuhalten, bei dem wir mit allen Fürsten, Beamten und sehr vielen Menschen zusammentreffen würden. Ich glaube, dass der Besuch ... Unruhen dämpfen würde und auch die bedauerliche aufrührerische Stimmung, die leider in einigen Teilen Indiens zu beobachten ist. Ich bin sicher, dass meine Minister nach sorgfältiger Prüfung des Vorschlags meine Motive würdigen werden, die von tiefem Pflichtbewusstsein und aufrichtiger Sympathie für die Menschen Indiens beseelt sind. Ich vertraue darauf, dass sie einem Vorhaben zustimmen werden, dessen Durchführung mir so sehr am Herzen liegt.» Ein Durbar war einst die feierliche Audienz der Großmogule für die Würdenträger ihres Reiches, um öffentlich die Anerkennung ihrer Herrschaft einzufordern.

Das britische Königspaar traf am 2. Dezember 1911 in Bombay ein, im Gepäck eine eigens für den Anlass angefertigte Kaiserkrone. Sie kann heute im Londoner Tower besichtigt werden. An Bord des modernsten Passagierschiffes der Reederei P. & O., das die Regierung gechartert hatte, befanden sich über 700 Begleitpersonen: Seeleute, Marinesoldaten, Dienstpersonal, unter ihnen auch ein Historiker und ein Maler. Sie sollten die exotischen Begleitumstände der königlichen Indienreise und das prächtige Schauspiel des Durbar für die Öffentlichkeit zuhause in Wort und Bild dokumentieren. Vier Kreuzer der *Royal Navy* unter dem Kommando eines Admirals eskortierten den Dampfer mit dem Königspaar. Die spektakulären Orientreisen des deutschen Kaisers, 1889 und 1898 ins Osmanische Reich und 1905 nach Marokko, verblassten dagegen im Gedächtnis der kolonialbegeisterten Europäer zur Bedeutungslosigkeit.

Der Durbar fand am 12. Dezember 1911 statt. Fünf Tage zuvor war das Königspaar in Delhi eingetroffen und nach dem Eindruck der europäischen Beobachter von der Bevölkerung kühl empfangen worden. Angeblich waren die Zuschauer, die den Weg der königlichen Prozession säumten, enttäuscht, weil der König, in der Uniform eines Feldmarschalls, zu Pferd und nicht auf einem Elefanten in die Stadt einzog. Doch beim stundenlangen Durbar drängten sich begeisterte Menschenmassen am Ort des Geschehens, Trompeten schmetterten, Kanonen schossen Salut und Maharadschas verneigten sich vor dem König und Kaiser. In einer Proklamation an seine indischen Untertanen verkündete er, dass die Hauptstadt Britisch-Indiens aus der Handelsmetropole Kalkutta nach Delhi, in die alte Zentrale der mächtigen Mogulherrscher, verlegt würde.

Nach einem Jagdausflug des Königs in den abgeschiedenen Himalayastaat Nepal und einem mehrtägigen Aufenthalt in

Kalkutta bestiegen die königlichen Besucher am 10. Januar 1912 wieder das Schiff, um die Heimreise anzutreten – zufrieden mit dem «glänzenden Erfolg» der «historischen Reise», wie der König von Bord an seine Mutter Königin Alexandra schrieb. Alle Erwartungen seien übertroffen worden. Die beispiellose Unternehmung des Königs hatte das Herzstück des Empire enger an Mutterland und Krone gebunden als jemals zuvor. So schien es jedenfalls. Der König war davon fest überzeugt.

Georg V. hat Indien nie wieder besucht. Aber das Schicksal des Subkontinents wie auch des Weltreichs hat er bis zu seinem Tode mit großer Anteilnahme verfolgt. Von den Vizekönigen und Generalgouverneuren erwartete er eine eingehende Unterrichtung über die Entwicklung in ihren Ländern. Politiker aus den Dominien und aus Indien gewährte er bei ihren Besuchen in Großbritannien gern Audienzen. Auf Anregung des Königs wurde 1917 der populäre Orden des Britischen Empire geschaffen, der noch heute verliehen wird. Mit Sorge las er 1921–22 die Berichte über die achtmonatige Weltreise seines ältesten Sohnes Eduard, die ihn auch nach Indien führte. Geplant war eine Goodwill-Tour, aber Aktivitäten der indischen Nationalbewegung überschatteten den Aufenthalt des Prinzen. Dass er als Kaiser von Indien eine besondere Verantwortung für das Wohlergehen seiner indischen Untertanen trug, hat Georg V. immer wieder betont. Aber ihm war auch bewusst, dass für Indien wie für das gesamte Weltreich fundamentale Veränderungen anstanden.

Der Erste Weltkrieg hatte sich für das Empire als außerordentliche Bewährungsprobe für dessen Zusammenhalt erwiesen. Es ging zwar äußerlich unversehrt aus ihm hervor und erreichte nach den Friedensschlüssen mit den Besiegten seine größte territoriale Ausdehnung, aber der Weg zu erweiterter Autonomie und letztlich zur Unabhängigkeit seiner entwickelten Teile war als Folge des Krieges nun klar vorgezeichnet. Bei genauerem Hinsehen ist im Weltkrieg das «Empire um den Preis des Empire» (Peter Wende) gerettet worden. Das Selbstbestimmungsrecht aller Völker, das der amerikanische Präsident Woodrow Wilson am 8. Januar 1918 verkündet hatte, galt logi-

scherweise auch für die kolonisierten Völker unter britischer
Herrschaft. Die britischen Politiker ignorierten die Botschaft
des Präsidenten. Dass das Selbstbestimmungsrecht vor allem
von den so genannten weißen Dominien wie Kanada, Australi-
en und Neuseeland, doch auch von Indien alsbald in Anspruch
genommen werden würde – davon hatte Georg V. bei seinen
ausgedehnten Reisen vor 1914 schon einen Vorgeschmack bekommen.

Eine in London zusammengetretene Reichskonferenz hatte
bereits im April 1917 eine Resolution verabschiedet, die eine
Neuordnung der Verfassungsbeziehungen zwischen dem Mutterland Großbritannien und den einzelnen Reichsteilen ankün-
digte. Dabei wurde der Begriff «Commonwealth», mit dem zuvor die englische Republik des 17. Jahrhunderts bezeichnet
worden war, erstmals konkurrierend zum Begriff «Empire» in
die Diskussion eingebracht. Bei der Pariser Friedenskonferenz
1919 und dem im Jahr darauf gegründeten Genfer Völkerbund
waren die Dominien und Indien mit eigenen Vertretern anwesend, und sie unterzeichneten auch die internationalen Verträge,
die den Frieden besiegeln sollten. Doch ihr völkerrechtlicher
Status blieb zunächst noch in der Schwebe.

Klarheit schuf erst die Reichskonferenz von 1926, deren
Überlegungen und Ergebnisse dann 1931 in das Statut von
Westminster eingingen. Die Dominien, hieß es nun, «sind auto-
nome Gemeinschaften innerhalb des Britischen Empire, gleich-
berechtigt in ihrem Status und bezüglich ihrer inneren und äußeren Angelegenheiten in keiner Weise voneinander abhängig,
obgleich vereint durch die gemeinsame Treuepflicht gegenüber
der Krone und freiwillig zusammengeschlossen als Mitglieder
des Britischen Commonwealth of Nations.» Diese berühmt gewordene Formel fand die Zustimmung aller Beteiligten. Obwohl das entscheidende Wort im Text nicht auftaucht, besiegel-
te sie die Unabhängigkeit der Dominien und gab ihnen das
Recht, sich ohne Bevormundung seitens des Mutterlandes auch
um ihre Außen- und Verteidigungspolitik zu kümmern.

Die britische Krone ist durch das Statut von Westminster zum
Scharnier zwischen dem Mutterland und den ehemals abhängi-

gen Gebieten geworden. In den neuen Staaten, die aus dem Empire hervorgingen, repräsentiert sie der Generalgouverneur, der auf Vorschlag der Regierungen ernannt wird. In London sind die Commonwealth-Staaten auch nicht wie andere Staaten durch Botschafter vertreten, sondern durch «Hochkommissare». Im Ergebnis entstand 1931 eine völlig neue völkerrechtliche Konstruktion in Form einer freiwilligen Verbindung von Staaten, die geeint sind durch ihre Loyalität zur britischen Monarchie.

Zum Umbau des Empire gehörte, dass auch der Titel des Königs geändert werden musste. Bis dahin war Georg V. «König des Vereinigten Königreichs von Großbritannien und Irland und der Britischen Dominien jenseits der Meere, Verteidiger des Glaubens, Kaiser von Indien». Die Reichskonferenz von 1926 einigte sich auf Drängen Südirlands, das sich inzwischen vom Vereinigten Königreich abgespalten hatte, auf die Fassung «König von Großbritannien, Irland und den Britischen Dominien jenseits der Meere, Verteidiger des Glaubens, Kaiser von Indien». In der verfassungsrechtlichen Realität trug der britische Monarch nun auch den Titel eines Königs von Kanada, Königs von Australien etc. Nur der 1921/22 entstandene Irische Freistaat wollte diese Regelung auf Dauer nicht akzeptieren. Als er sich 1937 eine neue Verfassung gab, wurde das Amt eines irischen Staatspräsidenten geschaffen. Die Frage, ob der Freistaat damit de facto aus dem Commonwealth ausgeschieden war und die republikanische Staatsform angenommen hatte, sorgte fortan für Unstimmigkeiten auf beiden Seiten der Irischen See und konnte erst nach dem Zweiten Weltkrieg abschließend geklärt werden.

Parallel zur Entlassung der Dominien in die volle Unabhängigkeit wurden nach dem Ersten Weltkrieg in Indien bestimmte Verwaltungsaufgaben an gewählte indische Gremien übertragen. Den vorsichtigen Reformen der Zwischenkriegszeit lag allerdings nicht primär der Gedanke zugrunde, das Ende der britischen Herrschaft in Indien einzuleiten, sondern sie durch neue, effektivere Strukturen auf ein tragfähiges Fundament für die Zukunft zu stellen. Der indischen Nationalbewegung, die sich

im Indischen Nationalkongress und in der Moslem-Liga organi-
siert hatte, sollte dadurch der Wind aus den Segeln genommen
werden. Auf Unnachgiebigkeit, halbherzige Reformpolitik und
Gewaltanwendung auf Seiten der Kolonialmacht antwortete sie
jedoch mit passivem und gewaltlosem Widerstand. Für dessen
moralische Autorität und Organisation stand Mohandas Ka-
ramchand Gandhi (1869–1948), der Mahatma («große Seele»).
Der König, wie immer um Ausgleich bemüht, empfing ihn 1931
im Buckingham-Palast.

Wie Georg V. über die dynamischen Veränderungen im Gefü-
ge des Weltreichs dachte, ist im Detail nicht bekannt. Seine öffentlichen Äußerungen dazu sind spärlich. Gesprächspartner
berichteten von der Sorge des Königs, das Empire würde in Folge der kolonialen Unabhängigkeitsbestrebungen über kurz oder
lang in seine Bestandteile zerfallen. «Was die fortwährende Einheit des Reiches angeht, so kann ich nur mit größter Sorge in die
Zukunft blicken», schrieb Georg V. im November 1929 an Premierminister Ramsay MacDonald. Hatte er zu der evolutionä-
ren Entwicklung, die er vermutlich bedauerte, selbst beigetra-
gen? Immerhin trugen die Dokumente, die das Empire in das
Commonwealth of Nations umwandelten, seine Unterschrift.

5. Letzte Lebensjahre

Nach seiner Thronbesteigung hatte Georg V. ursprünglich geplant, alle die Teile des Weltreichs zu besuchen, die bereits den
Status eines autonomen Dominions erlangt hatten. Regelmäßige
Besuche in den überseeischen Dominien hielt er für die Pflicht
eines Monarchen, der über ein Weltreich herrscht. Der Weltkrieg 1914–1918 und Einwände der Londoner Regierung verei-
telten die Ausführung des Plans. Nach dem Krieg ließ die Reise-
lust des Königs überdies merklich nach. Er beließ es bei Ferien-
aufenthalten in Schottland und einem einzigen Staatsbesuch: im
Mai 1923 im Italien Mussolinis. Die Vereinigten Staaten von
Amerika, die kommende Weltmacht, hat er nie besucht. Die
Reisen seiner Söhne, die wie er in jungen Jahren große Teile des
Empire kennen lernten, förderte er nachdrücklich. Seit Mitte

der zwanziger Jahre zog sich Georg V. immer mehr aus der Öffentlichkeit zurück. Schwere Krankheiten plagten den Ketten-
raucher, vertraute Freunde und Familienmitglieder starben.

Der König war ein zutiefst konservativer Mensch. Alles, was
für die «moderne Welt» stand, war ihm im Grunde zuwider.
Zeitgenossen sprachen von seiner fast pathologischen Bindung
an die Vergangenheit. «Es wäre falsch zu sagen, dass er das
20. Jahrhundert ablehnte», bemerkte einmal sein ältester Sohn,
der spätere Eduard VIII. «Er war lediglich fest entschlossen, so
viel von dem Jahrhundert abzulehnen, wie er konnte.» Die
schnellen Veränderungen in der Politik, in der Wirtschaft, in
den moralischen Vorstellungen der Menschen irritierten ihn.
Veränderungen im persönlichen Umfeld verabscheute er. Er
liebte seinen geradezu pedantisch geregelten Alltag mit genau
eingestellten Uhren und dem morgendlichen Blick auf das Baro-
meter, seine Familie und sein Hobby, die Philatelie. In seinem
Tagebuch, das er bis kurz vor seinem Tode führte, registrierte er
die Zeiten seiner Mahlzeiten, des Aufstehens und des Zubettge-
hens, das Wetter sowie die Orte, die er im Laufe des Tages aufgesucht, und die Menschen, die er getroffen und gesprochen
hatte. Den Kosmopolitismus und die von Skandalen nicht freie
Lebenszugewandtheit seines Vaters hatte Georg V. nicht ge-
erbt. Angeblich las er jede Woche ein Buch, niemals zwei gleichzeitig. Er bevorzugte Romane und politische Biographien. In
den Regalen und Schränken des Raums, der im Buckingham-
Palast «Bibliothek» genannt wurde, standen Briefmarkenalben
und Jagdgewehre. Der Gedanke, aus dem Londoner Buckingham-Palast oder dem ländlichen Sandringham House, seinem
geliebten Lebensmittelpunkt, einen Musenhof zu machen, lag
Georg V., wie im Übrigen auch seinen Vorgängern und Nachfolgern auf dem Thron, völlig fern. Theater lehnte er ab, seine
musikalischen Vorlieben gingen über Operetten und Musicals
nicht hinaus.

Ungewöhnlich war das Interesse des Königs an Sport. Er liebte Pferderennen und unterhielt auch einen eigenen Rennstall. Im
Sommer segelte er. Großen Ereignissen des modernen Massen-
sports wohnte er gern als Zuschauer bei. So war Georg V. nicht

nur regelmäßiger Gast in Ascot, Epsom und Wimbledon, sondern auch beim Fußball im 1923 eröffneten Londoner Wem-
bley-Stadion, beim Kricket in Lord's und beim Rugby in Twik-
kenham. Die königliche Präsenz bei den jährlichen Höhepunk-
ten der beliebten Sportarten wurde fast zur Tradition. Königin
Elisabeth II. zieht es allerdings vor, sich bei diesen Gelegenheiten von einem männlichen Angehörigen der weit verzweigten
Königlichen Familie vertreten zu lassen, außer bei den großen
Pferderennen.

Unbeirrt von gelegentlicher Kritik an seinem Lebensstil und
seinen kulturellen Vorlieben ging der König den Pflichten seines
Amtes nach, gewissenhaft, arbeitsam, mit einem offenen Ohr
für die sozialen Probleme des Landes. Im Laufe seines Lebens
hatte Georg V. gelernt, schreibt sein Biograph Harold Nicolson,
zwischen seinen Aufgaben als konstitutioneller Monarch auf
der einen und seinen Gefühlen, Vorurteilen und Neigungen auf
der anderen Seite strikt zu unterscheiden. Der König mache einen guten Job, notierte 1919 der Politiker und Diplomat Duff
Cooper in seinem Tagebuch. Nie lasse er erkennen, dass ihn
Routinepflichten wie Ordensverleihungen langweilen. Er sei
einfach und aufrichtig. Franklin D. Roosevelt (1882–1945), der
spätere amerikanische Präsident, traf in dieser Zeit mit dem König zusammen und fand ihn im Gespräch «erfreulich ungezwun-
gen». Selbst führende Labourpolitiker und Gewerkschafter wie
Ramsay MacDonald oder J. R. Clynes rühmten die ausgleichen-
de Rolle des Königs und seine Sympathien für die sozialen An-
liegen der Arbeiterbewegung. Seit dem Ersten Weltkrieg vertrat
Georg V. die Auffassung, die Monarchie müsse ihre Existenz
und die Kosten, die sie verursache, vor dem Steuerzahler recht-
fertigen. So dachten auch einflussreiche Hofbeamte.

Von modernen Kommunikationsmitteln hielt der Monarch
nicht viel. Die Ernennung eines Pressesprechers nahm er widerwillig hin. Doch war er bereit, am 25. Dezember 1932 zum ersten Mal über das Radio eine Weihnachtsansprache an die britische Bevölkerung zu richten. Hunderttausende Menschen hör-
ten in ihren Wohnzimmern die Stimme ihres Königs, den sie bis
dahin allenfalls einmal flüchtig bei einer der königlichen Zere-

monien in der Hauptstadt oder bei seinen Besuchen im Lande
gesehen hatten. Der Eindruck war gewaltig.

Radio, Massenpresse und die Gewohnheit des Königs, den
großen Sportereignissen des Landes beizuwohnen, vergrößerten
die Popularität des Königshauses und insbesondere seiner Person. Als Georg V. im Mai 1935 sein silbernes Thronjubiläum
feierte, kannten die Begeisterung und der Jubel der Londoner
keine Grenzen. Als er von einer Rundfahrt durch das East End
von London zurückkehrte, meinte er: «Allmählich glaube ich,
dass sie mich als Person wirklich lieben.» Die Loyalität der Bevölkerung rührte ihn. Die Krone «harmonisiert die Unterschie-
de in unserem Staat», schrieb ein Kommentator der regierungs-
nahen Londoner *Times* und verschloss im Überschwang der
Gefühle die Augen vor der sozialen Realität der dreißiger Jahre.

In seinen letzten Lebensjahren beunruhigten Georg V. die
weltpolitischen Entwicklungen: die Errichtung der nationalsozialistischen Diktatur in Deutschland, die kolonialen Abenteuer
Italiens in Afrika, die kriegerische Expansion Japans im Fernen
Osten. Als der König im April 1934 dem deutschen Botschafter
Leopold von Hoesch (1881–1936) auf Schloss Windsor eine
Audienz gewährte, fand er deutliche Worte. Das Deutschland
Hitlers sei zu einer Gefahr für die Welt geworden. Wenn es weiter wie bisher aufrüste, käme es in den nächsten zehn Jahren zu
einem Krieg. Gegen wen rüste Deutschland eigentlich auf, fragte der König den Botschafter, den manche Historiker für den
bedeutendsten deutschen Diplomaten der Zwischenkriegszeit
halten und der nicht als Freund des nationalsozialistischen Re-
gimes galt. Niemand wolle Deutschland angreifen, aber es zwinge alle anderen Länder dazu, sich gegen einen eventuellen deutschen Angriff zu wappnen. Der König, der den 11. November
1918, den Tag des Waffenstillstands, als den größten in der Geschichte seines Landes bezeichnet hatte, wollte nicht noch einmal die Schrecken eines Krieges zwischen den europäischen
Völkern erleben. Was Krieg im 20. Jahrhundert bedeutete, hatte
er mit eigenen Augen an der Front in Flandern gesehen. Das
hatte ihn wie unzählige seiner Zeitgenossen zutiefst geprägt.

Georg V. starb am 20. Januar 1936 nach kurzer Krankheit in

seinem 71. Lebensjahr. Auf Schloss Windsor wurde er in der Familiengruft unter der St.-Georgs-Kapelle begraben. An den Trauerfeierlichkeiten nahmen die Könige von fünf europäischen Staaten und der Präsident der Französischen Republik teil. Auch Verwandte aus Deutschland, unter ihnen der abgedankte Herzog von Sachsen-Coburg und Gotha und Vertreter des Hauses Hohenzollern, waren bei der Beisetzung anwesend. In Frankreich wurde die Trikolore auf allen öffentlichen Gebäuden auf Halbmast gesetzt. In Berlin zeigten Reichstag, Reichskanzlei, Präsidentenpalais und Auswärtiges Amt Trauerbeflaggung. Der Reichskanzler Adolf Hitler kondolierte dem neuen König Eduard VIII.

Die Nachrufe rühmten die Volkstümlichkeit Georgs V., seine Bescheidenheit, seine Einfachheit und sein außerordentliches Pflichtbewusstsein. Seine Autorität als Ratgeber und Warner, Ermutiger und Versöhner war bei seinem Tode unbestritten. Winston Churchill, zeitlebens ein glühender Monarchist, schrieb anlässlich seines Todes: «Im Herzen des britischen Weltreichs steht eine Einrichtung, die zu den ältesten und verehrungswürdigsten gehört und die, von Unbenutztheit und Verfall weit entfernt, sich dem Sturzbach der Ereignisse entgegengestemmt und aus dem ungestümen Druck gar neue Kraft zu schöpfen vermocht hat. Von den Erdbeben unerschüttert, von den auflösenden Gezeiten ungeschwächt, steht die britische Monarchie, während um sie herum alles planlos treibt, fest gegründet. Eine so bemerkenswerte Leistung, eine so erstaunliche Tatsache, die der gesamten Tendenz unseres Zeitalters zuwiderläuft, lässt sich von der Persönlichkeit des guten, klugen und wahrhaft erlauchten Königs nicht trennen, dessen Werk jetzt vollendet ist.»

Das Selbstverständnis der Monarchie hat sich in den fast 26 Jahren von Georgs V. Regentschaft in wesentlichen Zügen gewandelt. Ihre Darstellung in der Öffentlichkeit bot dafür das deutlichste Indiz. Die prächtigen Zeremonien und der repräsentative Glanz in der Hauptstadt wurden von Georg V. ergänzt durch symbolische Gesten, die auf die soziale Verantwortung des Monarchen für das ganze Volk hinwiesen, insbesondere für die Schwachen in der Gesellschaft. Der neue König setzte sich seit seiner Thronbesteigung unverkennbar vom Herrschaftsstil seines verstorbenen Vaters ab, der noch mit großer Selbstverständlichkeit die abgehobene Exklusivität des Königshauses gepflegt hatte. Georg V. gab sich von Anfang an volksnäher als alle seine Vorgänger auf dem britischen Thron. Sein unprätentiöses Auftreten und seine einfache Sprache, in der seine Jahre bei der Marine mitschwangen, erleichterten ihm den Kontakt mit dem «Volk».

Der Monarch müsse im Lande reisen und für viele Menschen als Person sichtbar und erfahrbar sein, lautete sein Credo. Häufig besuchte er die Industrie- und Bergbaugebiete in Mittel- und Nordengland, in Schottland und Wales. 1912 ließ er sich sogar in einen Kohleschacht einfahren. Während des Ersten Weltkrieges besichtigte er zahlreiche Rüstungsfabriken, Flottenstützpunkte, Werften und Hospitäler. Militärische Orden verlieh er gern persönlich. Insgesamt absolvierte er fünf Frontbesuche in Nordfrankreich. Gelegentlich geriet er dabei in Lebensgefahr. Bei seinem zweiten Frontbesuch im Oktober 1915 brach er sich das Becken und erlitt schmerzhafte Prellungen. Sein Pferd hatte sich bei einer Truppeninspektion aufgebäumt, ihn abgeworfen und unter sich begraben. Wochenlang war er daraufhin bewegungsunfähig.

In der Woche nach dem Waffenstillstand im November 1918 fuhr der König zusammen mit Königin Mary, der vormaligen Prinzessin Viktoria Maria von Teck, in offener Kutsche mehrmals durch die Arbeiterviertel im Osten und Süden Londons. «Wir fuhren neun Meilen durch ein Spalier jubelnder Menschen», notierte er in seinem Tagebuch. «Die Demonstrationen der Bevölkerung sind wirklich bewegend.» Wenig später besuchte er Schlachtfelder in Nordfrankreich und Belgien, wo ihn Soldaten und Bevölkerung begeistert empfingen.

Bemerkenswert war Georgs V. Interesse an den Lebensbedingungen der Arbeiter und sein unbefangenes Verhältnis zur organisierten Arbeiterbewegung Großbritanniens. Der in seinem Denken und Lebensstil so konservative König verhehlte nicht seine Sympathien für einige führende Labourpolitiker und Gewerkschafter. Als er 1924 die Minister des ersten Labourkabi-

netts unter Führung Ramsay MacDonalds empfing, konnte von
Spannung oder bewusster Distanznahme auf beiden Seiten keine Rede sein. «Wir waren anfangs vielleicht etwas verlegen»,
erinnerte sich einer der anwesenden Minister, «aber der kleine,
ruhige Mann, den wir mit ‹Eure Majestät› anredeten, sorgte dafür, dass wir schnell unsere Befangenheit ablegten.»

Der König seinerseits gewann den Eindruck, dass die neuen
Minister «ihre Sache sehr ernst nahmen. Sie haben andere Vorstellungen als wir, denn sie sind alle Sozialisten, aber man muss
ihnen eine Chance geben und sie fair behandeln», hielt er in seinem Tagebuch fest. Der neue Premier Ramsay MacDonald, den
er bald als Freund bezeichnete, beeindruckte ihn. «Meine Herren», sagte Georg V. bei Gelegenheit der Kabinettsvorstellung,
«die nähere Zukunft meines Volkes und sein ganzes Glück liegen
nun in Ihren Händen. Es vertraut Ihrer Klugheit und Weisheit.»
In seinem Tagebuch notierte er abends: «Heute vor 23 Jahren
starb die liebe Großmutter [Königin Viktoria]. Ich frage mich,
was sie von einer Labourregierung gehalten hätte.» Vermutlich
gar nichts.

Sein entspanntes Verhältnis zur erstarkenden Labour-Partei
half dem König, von allen großen Parteien als politischer Ver-
mittler akzeptiert und geradezu selbstverständlich in die Verhandlungen zur Bewältigung der wirtschaftlichen und politischen Krisen einbezogen zu werden, die das Land seit den zwanziger Jahren des 20. Jahrhunderts durchlebte. Im Rückblick fällt
auf, in wie starkem Maße er das politische Tagesgeschäft der
Regierung in Whitehall «hinter den Kulissen» mitbestimmen
bzw. beeinflussen konnte. Das sieht die Rolle des konstitionel-
len Monarchen an sich nicht vor. Die politische Praxis zu Lebzeiten Georgs V. zeigt jedoch, wie die abstrakten und eingefahrenen Regeln der Verfassung von Imponderabilien verändert
werden können: von der Persönlichkeit des Monarchen, von
seinen politischen Erfahrungen, von seinem Prestige als ausglei-
chende Instanz bei politischen und sozialen Auseinandersetzungen. Dadurch öffnet sich ein weites Feld der Einflussnahme.
Entgegen den Erwartungen ging die Institution der britischen
Monarchie aus der Regierungszeit Georgs V. gestärkt hervor.

II. Die Krise der Monarchie:
Eduard VIII. (1936)

Als «David», der älteste Sohn Georgs V., unter dem Namen Eduard VIII. am 20. Januar 1936 die Thronfolge antrat, zog die «moderne Welt», die der verstorbene Vater so verabscheut hatte, in den Buckingham-Palast ein, zumindest symbolisch. An den Thronwechsel knüpften sich viele Hoffnungen und große Erwartungen. Der damals 42-jährige Thronerbe würde, so schien es, die Monarchie im Vereinigten Königreich reformieren und ihr ein Gesicht geben, das sie mit dem 20. Jahrhundert in Einklang bringen würde. Keiner ahnte damals, dass Eduards Regentschaft nur ein dramatisches Zwischenspiel sein würde. Der zweite Windsor auf dem englischen Thron, eine schwache und oft als oberflächlich charakterisierte Persönlichkeit, ist durch einen Skandal im Gedächtnis der Menschen geblieben, der die Monarchie in Großbritannien im 20. Jahrhundert in eine kurze, aber tiefe Krise stürzte. Laut einer Meinungsumfrage trat im Dezember 1936 angeblich fast die Hälfte der britischen Bevölkerung für die Abschaffung der Monarchie ein. Der Skandal, der die monarchische Institution an den Rand des Abgrunds brachte, hatte sich schon zu Lebzeiten Georgs V. angebahnt. Dabei ging es um persönliches Glück und Staatsräson, um Pflicht und Verantwortung des Monarchen, um die Befähigung und die unvermeidlichen Opfer für die Ausübung des ererbten Amts.

Auf die ihm zugefallene Aufgabe war Eduard VIII. besser vorbereitet worden als sein Vater. Als er am 23. Juni 1894 in Richmond bei London, während der Rennwoche in Ascot, geboren wurde, hatte seine Großmutter und Patin, Königin Viktoria, schon mehr als ein halbes Jahrhundert regiert und dem Zeitalter ihren Namen gegeben. Der Vater regierte 26 Jahre. Eduard VIII., der seit 1911 den Titel Prinz von Wales trug, brachte es auf ganze 327 Tage. Schon am 11. Dezember 1936 dankte er ab und verließ ein Land, das aufgrund seiner persönlichen Entscheidung eine seiner schwersten Verfassungs- und Identitätskrisen im 20. Jahrhundert durchmachte.

Nach seiner Abdankung lebte er als Prinz Eduard, Herzog von Windsor, und mit dem Titel Königliche Hoheit ausgestattet, außerhalb Großbritanniens, meistens in Frankreich, und während des Zweiten Weltkrieges fernab vom Geschehen in Europa als Gouverneur im Dienst der britischen Regierung auf den Bahamas, einer kleinen britischen Kronkolonie vor der Küste Floridas und Kubas. Der Herzog hatte sich eine andere, herausgehobenere Funktion im Krieg erhofft und übersiedelte wenige Monate nach Kriegsbeginn nur widerwillig nach Nassau, der kleinen Hauptstadt der Kolonie. Seine Frau sprach bitter vom «St. Helena des Jahres 1940» – und diese Charakterisierung umschrieb den Sachverhalt recht treffend.

Die ungewöhnliche Ernennung eines Prinzen aus dem Königlichen Haus, der sogar selbst einmal Inhaber des Throns war, zum Gouverneur einer unbedeutenden Kolonie ging auf den Premierminister Winston Churchill (1874–1965) zurück, der mit dem Ex-König und Ex-Kaiser von Indien seit langem befreundet war und ihn in der Krise von 1936 bedingungslos unterstützt hatte. Wegen dessen allseits bekannten Sympathien für das nationalsozialistische Regime in Deutschland betrachtete die Londoner Regierung den Herzog von Windsor jedoch als Sicherheitsrisiko. Seine Verbannung an einen angenehmen, aber entlegenen Ort, der de facto keinen Spielraum für politische Torheiten und keine Bühne für peinliche Presseauftritte bot, erschien ihr und dem Königshaus als elegante Lösung eines potentiellen Problems.

Die Urteile der Biographen und Historiker über Eduard VIII. sind harsch. Sie werfen ihm Charakterschwäche, Unausgeglichenheit, mangelndes Urteilsvermögen und dürftige intellektuelle Fähigkeiten vor. Aber sie billigen ihm ein Gespür für den sozialen und wirtschaftlichen Wandel in Großbritannien in den Jahren nach dem Ersten Weltkrieg zu und würdigen sein Bemühen, die sozialen Klassenschranken in seinem Lande aufzuweichen und der Monarchie ein neues Gesicht zu geben. Wenn

Eduard im Nachhinein von einem sozialen Königtum sprach, das für die Unterprivilegierten in der Gesellschaft eintreten wollte, wird ihm Aufrichtigkeit zugebilligt. Die nahe liegende Frage, ob eventuell die Erziehung im und außerhalb des Elternhauses bei ihm die Entstehung bestimmter Interessen und Vorlieben, aber auch gewisse Fehlentwicklungen in seiner Persönlichkeitsstruktur begünstigte, wird in den einschlägigen biographischen Darstellungen unterschiedlich beantwortet. Kein Biograph oder Historiker hat jedoch bislang behauptet, das Haus Windsor eigne sich als Vorbild für die Erziehung des Nachwuchses. Georg VI. und seine Frau Elizabeth mögen als Ausnahme gelten, die die Regel bestätigt.

Eduard Albert Christian Georg Andreas Patrick David, so sein vollständiger Name, wurde in der Familie David genannt. Die Namen der Schutzheiligen aus den vier Landesteilen des Vereinigten Königreichs, mit denen der erste Sohn Georgs V. bedacht wurde, sollten den repräsentativen Charakter der Monarchie für den britischen Gesamtstaat betonen. Auf «Albert» bestand Königin Viktoria. Eduard und Christian waren die Namen der Großväter, Eduard VII. und König Christian IX. von Dänemark (1818–1906).

Als Kind fiel Prinz Eduard durch Wissbegier und ein gutes Gedächtnis auf – und durch Charme und gutes Aussehen. Die *éminence grise* des Hofes, Lord Esher, hielt seinen Eindruck vom jungen Prinzen in seinem Tagebuch fest: «Prinz Eduard war wie immer beherrscht und gewandt … Er hat den Mund und den Gesichtsausdruck der alten Königin Charlotte [Gemahlin König Georgs III.] …, aber den Anflug von *Weltschmerz* in seinen Augen vermag ich auf keinen Vorfahren aus dem Hause Hannover zurückzuverfolgen.»

Zu seinem strengen, auf Disziplin pochenden Vater und zu seiner distanzierten Mutter entwickelte der Heranwachsende kein vertrautes, emotionales Verhältnis. Georg V. habe mit seinen Kindern nie gespielt, erinnerte sich eine Hofdame. Mit den Eltern seien die Kinder selten allein gewesen. Seinen Kindern habe der König die eigenen Vorstellungen von Pflicht und Gehorsam vermitteln wollen, schreibt sein Biograph Harold Nicolson. Dabei sei Georg V. pragmatisch vorgegangen und manchmal hart. «Während in meiner Erziehung liebevolle Zuwendung sicher nicht fehlte», schrieb Eduard in seinen Erinnerungen, «errichteten die bloßen Umstände von meines Vaters Position eine sehr feine Barriere, die die vertraute Intimität eines konventionellen Familienlebens hemmten.» Für die Betreuung und Erziehung Eduards und seiner fünf jüngeren Geschwister waren Gouvernanten und Hauslehrer zuständig. Das war damals bei der britischen Oberschicht weitgehend üblich. Die schulischen Erfolge des Prinzen hielten sich in Grenzen, aber der Junge lernte durch die Gouvernanten passables Französisch und Deutsch. Später, als er schon über dreißig Jahre alt war, lernte er noch Spanisch. Eine der berühmten Privatschulen (*Public Schools*) des Landes wie Eton, Harrow oder Rugby besuchte er nicht.

Auf Betreiben des Vaters, der sich an seinen eigenen Erfahrungen orientierte, begann Eduard im Alter von knapp dreizehn Jahren eine Ausbildung in einer Kadettenanstalt der Königlichen Marine, zunächst in Osborne auf der Insel Wight und nach zwei Jahren am Royal Naval College in Dartmouth. Beide Institutionen waren erst wenige Jahre zuvor gegründet worden. Bei der Marine werde sein ältester Sohn alles lernen, was er wissen müsse, meinte der Prinz von Wales, der spätere Georg V., dessen autoritäre Erziehungsmaximen ein Relikt der viktorianischen Epoche und seiner Erfahrungen auf See waren. Alle seine Kinder, vor allem die Söhne, haben darunter gelitten.

Eine militärische Ausbildung des Thronfolgers bei der Marine, der Armee oder seit dem Ersten Weltkrieg auch bei der Luftwaffe macht selbst heute noch insofern Sinn, als er als Monarch Oberbefehlshaber der Streitkräfte ist und bei der Thronbesteigung automatisch die höchsten Ränge der drei Teilstreitkräfte verliehen bekommt. Eine tatsächliche Kommandogewalt über Truppen oder ein Mitspracherecht bei militärisch-strategischen Entscheidungen ist damit allerdings nicht verbunden. Die Jahre bei den Streitkräften vermitteln dem Thronfolger zweifellos Disziplin und soziale Erfahrungen, bieten aber wenig Raum für intellektuelle Herausforderungen in anderen Lebensbereichen. Im Falle von Georgs V. ältestem Sohn Eduard waren die Jah-

re bei der Marine, die während des Ersten Weltkrieges durch
eine Ausbildung bei der Armee ergänzt wurden, eine Zeit, an
die er sich später gern erinnerte. Offensichtlich hatte der Vater,
dem ansonsten jedes Verständnis für die jugendliche Psyche ab-
ging, die richtige Entscheidung getroffen. Vor allem das Erleben
der Kämpfe in Nordfrankreich, die «Demokratie der Schlachtfelder», wie er es nannte, prägte den Prinzen. 1918 erwarb
Eduard, wie nach ihm auch sein jüngerer Bruder «Bertie», der
spätere Georg VI., den Pilotenschein.

1. Lehrzeit des Thronfolgers

Am 23. Juni 1910, dem 16. Geburtstag Eduards, machte der
König seinen Sohn zum Prinzen von Wales und verlieh ihm damit den offiziellen Titel des Thronfolgers. Das war durchaus
nicht zwangsläufig, denn der Zeitpunkt für die Erhebung liegt
im Ermessen des Monarchen. Die wiederbelebte, angeblich an
eine mittelalterliche Tradition anknüpfende Investitur des Prinzen auf der Burg Caernarvon in Wales im Jahr darauf war mehr
oder weniger eine Idee des liberalen Politikers und späteren
Premierministers David Lloyd George, eines Walisers. Mit der
bizarren Zeremonie, in deren Verlauf der Thronfolger einige
Sätze in Walisisch sprach, sollte der monarchische Gedanke in
der Bevölkerung gestärkt werden.

In der konstitutionellen Monarchie Großbritanniens ist die
Stellung des Thronfolgers nicht klar umschrieben. Wenn man
einmal von Repräsentationspflichten wie Grundsteinlegungen,
Bäume pflanzen, Übernahme von Ehrenämtern, Einweihung
von Gebäuden, Besuch von Krankenhäusern und Ähnlichem
absieht, ist für ihn im Verfassungsgefüge keine Funktion vorgesehen. Seine wesentliche Beschäftigung besteht darin, bereit zu
sein und zu warten, bis der Thron vakant wird. In seinen jungen
Jahren erwartet man vom Thronfolger, dass er sich intellektuelle und sportliche Fähigkeiten aneignet, seinen Horizont erweitert und beobachtet, wie der Inhaber des Throns seine Aufgaben
wahrnimmt. Aber spätestens ab dem 35. Lebensjahr, also dann,
wenn der Lerneifer erlahmt, beginnen die Frustrationen.

Georg V. kannte aus eigener Erfahrung die unbefriedigenden Lebensumstände des Thronerben. Als er 1910 den Thron bestieg, war er 45 Jahre alt. Aber was konnte er tun, um die Aktivitäten des unruhigen Kronprinzen Eduard in sinnvolle Bahnen zu lenken? Für Reformen, gar Innovationen bei der Prinzenerziehung fehlte ihm das Interesse, wahrscheinlich auch der politische Spielraum und die Phantasie. Mitten in der Ausbildung seines Sohnes zum Marineoffizier müssen den König dann doch Zweifel beschlichen haben. Er ließ den jungen Prinzen wissen, dass er ab Herbst 1912 die Universität Oxford beziehen werde. Eduard folgte der Entscheidung seines Vaters eher widerwillig.

Im Oxforder Magdalen College studierte der Prinz bis kurz vor Kriegsausbruch im August 1914 Volkswirtschaftslehre, Geschichte und Verfassungsrecht. Auch verbesserte er seine guten Kenntnisse des Deutschen und Französischen. Im Laufe seiner flüchtigen Studien hat er vermutlich auch zum ersten Mal den Namen des Verfassungsrechtlers Walter Bagehot gehört, dessen Studie über die Stellung der Monarchie in der modernen parlamentarischen Demokratie bis heute Gültigkeit hat.

In seinen 1951 erschienenen Erinnerungen (*A King's Story*), die er mit Hilfe eines Ghostwriters verfasst hatte, erwähnt der Herzog von Windsor den Namen Bagehots jedoch nicht. Er macht dort kein Geheimnis daraus, dass sein Interesse an akademischen Lehrgegenständen begrenzt blieb und die beiden Oxforder Jahre sein Leben nicht nachhaltig prägten. Seine Erziehung sei durch den Krieg und den Umgang mit Soldaten aus allen sozialen Schichten des Landes, nicht durch Bücher oder Theorien nachhaltig beeinflusst worden Das mag Eduard auch deshalb gesagt haben, weil der Präsident seines Oxforder Colleges die britische Öffentlichkeit wissen ließ, der Prinz sei nicht «bookish» und gewiss kein britischer König Salomon. Das sollte heißen, er sei kein Freund von Büchern und könne mit gedrucktem Wissen und akademischen Diskursen nicht viel anfangen. Eine unerhörte Indiskretion – aber angesichts der eklatanten Defizite in der Erziehung des Prinzen konnte das Urteil des gelehrten Herren eigentlich nicht überraschen. Die sich weise gebende *Times* sah darin überhaupt keinen Nachteil: «Menschen sind seine Bibliothek, nicht Bücher», schrieb sie 1936 in den Tagen des Thronwechsels von Georg V. auf Eduard VIII.

Eduard bevorzugte in seiner Jugend die Kameraderie des Lebens bei der Marine und der Armee. Im Ersten Weltkrieg wurde er einem feudalen Regiment zugeteilt, das in Nordfrankreich kämpfte. Aber von einem Einsatz des Thronfolgers an der Front wollten die militärischen Befehlshaber und die Londoner Regierung nichts wissen. Lord Kitchener (1850–1916), der wegen seiner Grobheiten und Taktlosigkeiten berüchtigte Oberkommandierende des britischen Expeditionskorps in Frankreich, äußerte gegenüber dem Prinzen, seine Verwundung oder sein Tod infolge von Kampfhandlungen wäre tragisch, aber seine Gefangennahme durch den Feind noch weit gravierender. So versah Eduard während des Krieges eher repräsentative Aufgaben, zunächst in Frankreich und Norditalien, dann im Nahen Osten bei australischen und neuseeländischen Truppen und gegen Kriegsende in Belgien.

Ob Eduard in jungen Jahren unter der ihm zugefallenen Rolle und den damit verbundenen Privilegien und Restriktionen gelitten hat, ist durch Äußerungen von ihm nicht belegt, aber anzunehmen. Bekannt ist, dass er sich über die Aussicht, einmal den Thron besteigen zu müssen, mit wenig Begeisterung geäußert hat. Die Zukunft der Monarchie in Großbritannien beurteilte er Anfang der 1920er Jahre skeptisch. Wäre es deshalb nicht besser, schrieb er an seine langjährige Geliebte, die verheiratete Winifred («Freda») Dudley Ward (1894–1983), alle Aspirationen auf den Thron und die damit einhergehenden Zwänge aufzugeben und sich ins Privatleben zurückzuziehen? Doch wahrscheinlich sollte man diese Aussage als vorübergehende Laune des verliebten Prinzen bewerten.

Das Lernen im akademischen Sinne hat Eduard jedenfalls früh eingestellt und sich entschlossen den angenehmeren Seiten des Lebens zugewandt. Seit Kriegsende übernahm der leutselige Prinz mit sichtlichem Vergnügen die Rolle des hedonistischen Anführers und modebewussten Trendsetters im damaligen Londoner «Jetset». Seine militärische Laufbahn war praktisch beendet. Der strengen väterlichen Aufsicht versuchte sich der nun 25-

jährige Prinz fortan zu entziehen. Lange Reisen, vor allem in die Länder des Empire und in die Vereinigten Staaten, waren dafür ein probates Mittel. Seit Georg V. galten offizielle Besuche und längere Aufenthalte in Übersee aus nahe liegenden Gründen als unverzichtbare Bestandteile der Prinzenerziehung. Der junge Thronfolger nahm seine Chance wahr. Bis zu seiner Thronbesteigung hielt er sich praktisch jedes Jahr monatelang in Übersee auf. In seinen Memoiren beschreibt er sich selbst als «so etwas wie einen Reisenden». Das war er seit Kriegsende in der Tat.

Schon vor dem Ersten Weltkrieg hatte Eduard Frankreich, Deutschland und Skandinavien besucht. Doch diese Reisen hatten einen rein privaten Charakter, waren Aufenthalte des jungen Mannes bei Verwandten. Die königlichen und großherzoglichen Höfe, die er in Stuttgart, Berlin, Neustrelitz oder Coburg besuchte, gab es wenige Jahre später nicht mehr. Seit 1919 unternahm der Prinz von Wales große Reisen, darunter mehrere Weltreisen, um die britische Krone in Übersee zu repräsentieren. Zweimal nahm er in Ostafrika an Großwildsafaris teil. Nach eigenem Bekunden trat er im Empire bzw. im Commonwealth als Erbe eines Thrones auf, der «für gemeinsame Ziele und Ideale steht und sich als Verbindungsglied für ein Commonwealth versteht, dessen Mitgliedsländer sich frei nach eigenen Vorstellungen entwickeln können, jedoch alle als Einheit zusammenarbeiten». Das sind Formulierungen aus den 1951 erschienenen Erinnerungen des Herzogs von Windsor. Damit wollte er offenbar zu verstehen geben, dass er schon früher als die Politiker ein Konzept für das sich emanzipierende Weltreich unterstützte, das 1931 schließlich im Statut von Westminster fixiert wurde.

Die erste, viermonatige Reise des Prinzen an Bord des modernen Schlachtkreuzers *HMS Renown* führte 1919 nach Neufundland, Kanada und an die Ostküste der Vereinigten Staaten, die zweite, siebenmonatige Reise im folgenden Jahr auf demselben Schiff durch den Panama-Kanal an die amerikanische Westküste, nach Neuseeland, Australien, Mexiko und in die Karibik. Die Schönheit der kanadischen Landschaft begeisterte ihn so sehr, dass er sich 1922 in der Provinz Alberta, am Fuß der Ro-

cky Mountains, eine Ranch mit ausgedehnten Ländereien kauf-
te, die er in den folgenden Jahren hin und wieder aufsuchte. Er
habe praktisch alle bedeutenden Länder der Welt besucht, mit
Ausnahme Sowjetrusslands, resümierte er rückblickend. An
Welterfahrung mangelte es dem Prinzen also nicht, als er im Januar 1936 die Nachfolge Georgs V. antrat.

Die ausgedehnten Reisen des Thronfolgers – immer unter den
wachsamen und kritischen Augen des Vaters im fernen London
– erschöpften sich nicht in Vergnügungen, Besichtigungen, repräsentativen Verpflichtungen und endlosem Händeschütteln.
Vor allem in Indien wurde der Prinz zum Entsetzen der lokalen
Verantwortlichen und der vizeköniglichen Regierung in Neu-
Delhi mit der politischen Realität konfrontiert. Seit sein Vater
den Subkontinent 1911 anlässlich seiner Krönung zum Kaiser
von Indien aufgesucht hatte, waren dort die Forderungen nach
dem Ende der kolonialen Herrschaft unüberhörbar geworden.
So begleiteten 1921–22 lautstarke Proteste, Massendemonstra-
tionen und Gewalttätigkeiten den Reiseweg des Prinzen von
Wales durch Britisch-Indien. «Wird Gandhi versuchen, mir die
Show zu verderben?», fragte der besorgte Prinz seine Gastgeber
in Unkenntnis der Überzeugungen Gandhis und seiner politischen Strategien. Die Tage des indischen Kaisertums, das in den
fiebrigen Jahren des überbordenden viktorianischen Imperialis-
mus für den britischen Monarchen wiederbelebt worden war,
schienen sich ihrem Ende zuzuneigen. Dem Prinzen konnte jedenfalls während seiner Indienreise der «zunehmende Aufruhr»
jenseits der Paläste, Empfänge und Tigerjagden nicht verborgen
bleiben.

Auf seinen Goodwill-Reisen in Übersee entwickelte Eduard
einen Stil, der sich von den bekannten Ritualen königlicher Besuche zuhause oder in Europa deutlich unterschied. Der listige
und ideenreiche Lloyd George bestärkte den Prinzen, wenn dieser bewusst vom steifen viktorianischen Zeremoniell der väterlichen Hofhaltung abwich, das «Bad in der Menge» suchte, offene Autos den Kutschen vorzog, bei größeren Entfernungen
gern das Flugzeug benutzte und unzählige Hände schüttelte. In
Hofkreisen und auch beim König stieß das auf Kritik. Georg V.

tadelte die «neue Technik» und das informelle Auftreten des Prinzen. Er mache sich zu zugänglich («too accessible»), gab ein hoher Hofbeamter dem Prinzen zu verstehen, und das sei riskant. Die Monarchie müsse etwas Geheimnisvolles und Abgehobenes beibehalten. Lege man den Nachdruck auf Volkstümlichkeit, verliere sie an Einfluss und Mysterium. Der Prinz widersprach unter Hinweis auf die sich wandelnden Zeitumstände, die auch von Angehörigen des Königlichen Hauses eine vorsichtige Anpassung erforderten und andere Formen öffentlicher Kommunikation und Repräsentation als in der Vergangenheit notwendig machten.

Die demonstrative Unkonventionalität im Auftreten und Lebensstil des Prinzen von Wales seit den frühen 1920er Jahren war vermutlich eine Reaktion auf die eingefahrenen Zwänge des Elternhauses. Neben seinem hinlänglich bekannten Interesse für die sozialen Probleme des Landes trug sie erheblich zu seiner Popularität im Volke bei. Er habe sich in «unbewusster Rebellion gegen meine Position» befunden, schrieb der Herzog von Windsor rückblickend in seinen Memoiren. Doch wie weit konnte ein Thronfolger dabei gehen? Gab es Grenzen, die er aufgrund seiner exponierten Stellung selbst noch in der ersten Hälfte des 20. Jahrhunderts nicht überschreiten durfte?

2. Die Abdankungskrise

Seit 1935 berichteten ausländische Zeitungen und Zeitschriften, vor allem die des amerikanischen Pressemagnaten William Randolph Hearst (1863–1951), über eine Frau, die immer häufiger bei privaten und offiziellen Anlässen an der Seite Eduards zu sehen war. Mit ihr verband ihn offenbar mehr als eine flüchtige Freundschaft. Mrs. Dudley Ward, die langjährige Geliebte des Prinzen von Wales, war augenscheinlich längst vergessen. Die britische Presse schwieg über die heikle Angelegenheit, so dass die breite Öffentlichkeit in Großbritannien nicht ahnte, welch unerhörter Konflikt sich im Umfeld des Buckingham-Palastes zusammenbraute.

Der Prinz von Wales hatte die besagte Dame Anfang 1931

zum ersten Mal getroffen. Wallis Warfield Simpson (1896–1986) war amerikanische Staatsbürgerin und hatte 1928 in zweiter Ehe den in London lebenden Geschäftsmann Ernest Simpson geheiratet. Nach Meinung der Biographen verband den britischen Thronfolger und Wallis Simpson spätestens seit März 1934 ein Liebesverhältnis. Aus der Sicht des Prinzen, berichtete einer seiner Freunde in den dramatischen Tagen der Abdankungskrise, war die elegante Amerikanerin die perfekte Frau. Sie sei die unabhängigste Frau gewesen, die er je getroffen habe, schrieb der Prinz im Rückblick. Ihre Kraft und ihre Sympathie seien ihm in seiner Einsamkeit eine Stütze gewesen.

Solange König Georg V. lebte, war die Beziehung seines Sohnes zu Mrs. Simpson vom politischen Establishment des Landes zwar missbilligt, aber toleriert worden. Dort wusste man, dass Eduard arrangierte Heiraten für Thronfolger als Relikt einer längst vergangenen Zeit ablehnte. Außerdem war der Markt potentieller Ehepartner aus regierenden Häusern Europas seit den Revolutionen von 1917 und 1918 dramatisch geschrumpft. An die Möglichkeit einer Heirat des Prinzen mit der zwei Jahre jüngeren, geschiedenen Amerikanerin glaubte anfangs aber trotzdem niemand. Geschiedene, zumal wenn sie der schuldige Partner waren, wurden damals noch rigoros vom Hofleben ausgeschlossen, ja sie waren sozial geradezu geächtet.

Während der schweren Erkrankung des Königs und erst recht seit dem Thronwechsel am 20. Januar 1936 erschien das Verhältnis Eduards zu Mrs. Simpson in einem völlig neuen Licht, zumal Ernest Simpson gegenüber Freunden unmissverständlich verlauten ließ, dass der neue König seine Frau zu heiraten gedenke. Als Mrs. Simpson im Sommer 1936 das Scheidungsverfahren gegen ihren zweiten Ehemann einleitete, war der Weg für eine Ehe des Königs, des Verteidigers des Glaubens, mit ihr frei – zumindest theoretisch. Die Gerüchte verdichteten sich. Aus einer bis dahin privaten Affäre wurde im Herbst 1936 über Nacht eine Krise der Monarchie, für manche Zeitgenossen eine Staatskrise, für die Öffentlichkeit in Großbritannien und den überseeischen Dominien jedenfalls ein handfester Skandal, in dessen Zentrum der König stand.

Schon vor seiner Thronbesteigung hielt sich Eduard bevorzugt auf Fort Belvedere auf, einer architektonischen Mischung aus Palast und Burganlage am Rande von Windsor Great Park. Seit dem 18. Jahrhundert war sie immer wieder erweitert und umgebaut worden. Sein Vater hatte ihm das Anwesen 1929 geschenkt. Die geographische Distanz des Prinzen bzw. ab Januar 1936 des neuen Souveräns zum viktorianisch angestaubten Hof seines verstorbenen Vaters und zur Regierung in London war von ihm gewollt. Bei seinen Aufenthalten im Buckingham-Palast habe er nach der Übernahme des Throns immer das Gefühl gehabt, dort ein Fremder zu sein, sagte er später. In dem gewaltigen Palast im Herzen der Hauptstadt habe er sich verloren gefühlt. Vielleicht ahnte der 42-jährige König, was ihm bevorstand. Seine Krönung in der Abtei von Westminster war für den 12. Mai 1937 angesetzt.

Doch die Dinge spitzten sich zu. Als im Oktober die Scheidung von Mrs. Simpson in einem ersten Schritt («decree nisi») gerichtlich auf den Weg gebracht wurde, sah sich der Premierminister Stanley Baldwin zum Eingreifen gezwungen. Er hatte die Affäre des Königs und seine angeblichen Heiratspläne bis dahin mehr oder weniger auf die leichte Schulter genommen. An die Eskapaden Eduards und seine «modernen» Ansichten hatte man sich gewöhnt. Am 16. November 1936 bekräftigte der König jedoch gegenüber Baldwin seine Absicht, die bald zweimal geschiedene Wallis Simpson ungeachtet aller Widerstände von Seiten der Familie und der Regierung zu heiraten. Der Premierminister reagierte unmissverständlich. Er schloss eine Heirat des Königs mit Mrs. Simpson aus verfassungsrechtlichen Gründen, gerade auch mit Blick auf das Commonwealth, kategorisch aus. Angesichts der unnachgiebigen Haltung der Regierung in London, der Parlamentsmehrheit, der Regierungen in den Dominien und der anglikanischen Staatskirche, deren nominelles Oberhaupt der Monarch als «Verteidiger des Glaubens» ist, machte Eduard VIII. klar, dass er eine Abdankung in Erwägung ziehe, falls man ihn zu einer Entscheidung zwischen Heirat und Thronverzicht zwinge.

Seit dem 3. Dezember 1936 berichtete auch die britische Pres-

se, die sich bislang auf Weisung der Pressezaren Lord Beaver-
brook und Lord Rothermere an die selbst auferlegte Zensur gehalten hatte, über die entstandene Situation («The King and
Mrs Simpson» lautete nahezu unisono die Schlagzeile auf den
Titelseiten). Die neuere Geschichte Großbritanniens kannte keinen Fall, der mit diesem vergleichbar gewesen wäre. Der Diplomat und Schriftsteller Harold Nicolson notierte an diesem Tag
in seinem Tagebuch: «Ich habe den Eindruck, dass sich die
Menschen nicht über Mrs. Simpson entrüsten. Aber ich bemer-
ke einen tiefen und heftigen Zorn gegen den König selbst. In
acht Monaten hat er die große Popularität, die er gewonnen
hat, zerstört.»

Die Krise kam mit der Gewalt eines Donnerschlags, erinnerte
sich anderthalb Jahrzehnte später der ehemalige König und
nunmehrige Herzog von Windsor. Das ganze Land, ja die Welt,
war fasziniert von dem die Herzen bewegenden Drama um den
König und Mrs. Simpson. Hektische Verhandlungen zwischen
König und Regierung über eine Kompromisslösung, etwa eine
morganatische Ehe, waren gescheitert. Der König beharrte auf
seinen Heiratsplänen und ließ den Premierminister am 5. Dezember 1936 wissen, dass er abdanken werde, um die Krise um
seine Person und das Amt beizulegen: «I am prepared to go.»
Der Premierminister resignierte und verzichtete auf Einwände.
Seine Haltung und die der Regierung in dieser Frage waren dem
König bekannt. Zum ersten Mal seit vielen Jahrzehnten standen
sich in Großbritannien der konstitutionelle Monarch und seine
Regierung in einem Konflikt gegenüber, bei dem es sich nur auf
den ersten Blick um eine private Angelegenheit des Monarchen
handelte. Denn bei der Wahl des Ehepartners hatte er auf die
Verfassung Rücksicht zu nehmen. Presse und öffentliche Meinung waren in der Frage, wie der Monarch sich in der heiklen
Angelegenheit entscheiden solle, gespalten. Eduard VIII. hatte
den Eindruck, die Mehrheit der Bevölkerung, die «King's Par-
ty», stehe hinter ihm. Doch ihm konnte nicht verborgen bleiben, dass sich die Dominien, die seit dem Statut von Westminster ein gewichtiges Wort mitzureden hatten, gegen eine Heirat
mit Mrs. Simpson aussprachen.

Die Entscheidung sollte nach dem Willen der Regierung bald fallen, um weiteren Schaden von der Monarchie abzuwenden. Wie sie aussehen würde, war den Eingeweihten und Verantwortlichen nach dem vorausgegangenen Austausch der politischen und verfassungsrechtlichen Argumente klar. «Der Preis meiner Heirat unter den vorwaltenden Umständen wäre gewesen, der sozialen Geschlossenheit meines Geburtslandes und der größeren Einheit, die unser Empire darstellt, eine schwere Wunde zuzufügen», schrieb Eduard in seinen Erinnerungen, die ein eindrucksvolles Zeugnis seiner widerstreitenden Gefühle und Überlegungen in der Krisensituation vom Dezember 1936 abgeben. Und weiter: Die britische Krone sei das lebendige Symbol der Reichseinheit und freiwilliger Treue seitens der Dominien. Sie würde jedoch nicht länger ein Gefühl der Einheit inspirieren, wenn der Mann, der die Krone trägt, über eine gespaltene und zerstrittene Gesellschaft herrscht. So der Herzog von Windsor aus der Sicht des Jahres 1951.

Schon fünf Tage nach dem Gespräch mit dem Premierminister Baldwin, am 10. Dezember 1936 kurz nach 10.00 Uhr, unterzeichnete der König in Fort Belvedere im Beisein seiner jüngeren Brüder, einiger Anwälte und Berater die Abdankungsurkunde. Der Premierminister war nicht anwesend. Der dichte Nebel, der tagelang über London und Windsor gelegen hatte, hatte sich im Laufe des Vormittags gelichtet. Der König bemerkte es und sah darin ein Zeichen, dass der Druck, der in den vergangenen Wochen auf ihm gelastet hatte, gewichen war. Einer seiner engsten Berater brachte die Urkunde zum Buckingham-Palast. Dort übernahm sie der Privatsekretär des Königs und sorgte dafür, dass sie zum Amtssitz des Premierministers in der Downing Street gelangte.

Am darauf folgenden Tag wurde der Thronverzicht Eduards VIII., verbunden mit seinem Rücktritt als Chef des Hauses Windsor, wirksam. Abends wandte er sich von Schloss Windsor aus in einer Rundfunkansprache, die er mit Unterstützung des mit ihm befreundeten Unterhausabgeordneten Winston Churchill verfasst hatte, an die Bevölkerung. Dabei fielen die berühmten, oft kolportierten Worte, dass er die «schwere

Last der Verantwortung» und seine Pflichten als König «ohne die Hilfe und Unterstützung der Frau, die ich liebe», nicht erfüllen könne. Angeblich hörte man während der Übertragung im Radio, wie im Hintergrund des improvisierten Aufnahmestudios eine Tür zuschlug. Die Abdankung eines Königs aus privaten Gründen ist auch für die Zaungäste des Weltgeschehens ein seltenes, fast traumatisches Ereignis und verführt zur Legendenbildung.

Unmittelbar nach der öffentlichen Bekanntgabe seines Thronverzichts verlieh der jüngere Bruder Albert, nun König Georg VI., seinem Vorgänger auf dem Thron den Titel «Herzog von Windsor». Der Bezug seines neuen Titels auf das Haus Windsor überdeckte dabei nur oberflächlich den nie geheilten Bruch in den Beziehungen zwischen dem alten und neuen König auf dem Thron. Albert, der Herzog von York, und die Königinwitwe Queen Mary hatten die Heiratspläne Eduards vehement abgelehnt und ihn dafür verantwortlich gemacht, dass den Thron nun jemand übernehmen musste, der ihn nie angestrebt hatte. Dass sein älterer Bruder eine Abdankung erwog, hatte Albert erst Ende Oktober 1936 erfahren.

3. Der ehemalige König in der Kritik

Die Biographen haben sich zu der Frage, ob Eduard VIII. für das ihm zugefallene Amt überhaupt befähigt war, zurückhaltend geäußert. Man hat sogar darüber spekuliert, ob er selbst Zweifel an seiner Befähigung hatte und seine Beziehung zu Mrs. Simpson als Vorwand zur Flucht aus der unerwünschten Verantwortung benutzte. «Ich konnte niemals hoffen», schrieb 1951 der Herzog in seinen Erinnerungen, «die Erwartungen derjenigen voll zu erfüllen, für die die rigide Art und Weise meines Vaters der einzige zulässige Standard für einen König darstellte... Der Fehler lag nicht in meinen Sternen, sondern in meinen Genen... Ich war stets bemüht, auf die Veränderungen der Zeit angemessen zu reagieren.» Er habe ein Erneuerer sein und der ehrwürdigen Institution Monarchie ein paar neue Impulse geben wollen. Doch er frage sich, äußerte er einmal gegenüber einem Vertrauten, ob er wirklich der Typus von König hätte sein können, den das Volk wünschte.

Die Aufgeschlossenheit des Prinzen und Königs für die Moderne in allen ihren Aspekten und sein soziales Engagement in jungen Jahren werden von Biographen und Historikern gewürdigt. Davon, dass Eduard VIII. die Monarchie «in moderner Weise neu interpretiert» hätte, waren schon Zeitgenossen überzeugt. Seinem Vater habe er durch die Anstöße, die er gegeben habe, einen großen Dienst erwiesen und seinen Nachfolgern auf dem Thron den Weg erleichtert (Lady Nancy Astor).

Doch es gibt auch andere, kritischere Stimmen. Eduard VIII. sei eine «farbige Figur in einer trüben Zeit» (H. C. G. Matthew) gewesen. Das ist nicht als Kompliment gemeint. Obwohl er viel gereist sei, habe er wenig politisches Verständnis für die Komplexität der Epoche entwickelt, in der er lebte. Vom Studium der ihm vorgelegten Akten hielt er nicht viel, mehr von exklusiven Sportarten und einem dandyhaften Lebensstil. An Kunst, Literatur und Theater sei Eduard als Prinz von Wales und König nicht interessiert gewesen. Über die Kompetenzen und Aufgaben eines konstitutionellen Monarchen im 20. Jahrhundert habe er nur verschwommene Vorstellungen gehabt (Frances Donaldson). Zu seinen Gunsten muss jedoch gesagt werden, dass ihn der Vater, aus welchen Gründen auch immer, von seinen alltäglichen Geschäften fernhielt. «Ich war nie anwesend, wenn mein Vater Audienzen gab», schreibt Eduard in seinen Erinnerungen, die ein Bestseller wurden. «Mir wurde auch nie gestattet, die roten Dokumentenkoffer mit den Berichten und Vorschlägen des Premierministers und der Ressortminister zu lesen … Bis zu dem Zeitpunkt, als ich selbst König wurde, blieb die Entfaltung der Regierungspolitik außerhalb meines Gesichtskreises.» Hier verschweigt der ehemalige König, dass die «Dokumentenkoffer» nach seiner Thronbesteigung oft tagelang auf seinem Schreibtisch unbearbeitet herumstanden, sehr zum Missfallen der Politiker.

Seine offenen Sympathien für Hitler und den Nationalsozialismus in Deutschland zeugten nicht gerade von politischem Urteilsvermögen. Ein autoritär regiertes Deutschland erschien ihm als Garant gegen die Bedrohung durch den internationalen Kommunismus. Diese Meinung teilte er allerdings mit anderen Angehörigen der britischen Oberschicht. Der private Besuch des Herzogspaars bei Adolf Hitler auf dem «Berghof» bei Berchtesgaden im Oktober 1937 stieß in Großbritannien auf erhebliche Kritik. Neuerdings ist darüber spekuliert worden, ob der Herzog mit seinen Kontakten zu Hitler und anderen Nazi-Größen wie Göring und von Ribbentrop langfristige politische Absichten verfolgt habe, konkret: seine Rückkehr auf den britischen Thron im Falle einer Niederlage Großbritanniens in einem zukünftigen Krieg mit Deutschland, sozusagen als britische Variante des französischen Marschalls Pétain oder des Norwegers Vidkun Quisling, die beide mit den deutschen Besatzern ihrer Länder kollaborierten. In einem Telegramm an Hitler rief der Herzog von Windsor im August 1939 zum Frieden auf, und 1940 plädierte er für Verhandlungen mit dem triumphierenden deutschen Diktator. Kompromittierende Akten zu den dubiosen politischen Aktivitäten des Herzogs in den Jahren nach seinem Thronverzicht sind nach Kriegsende vernichtet worden oder auch noch heute in den Archiven gesperrt.

Nach seiner sensationellen Abdankung, die in den folgenden Jahrzehnten eine Flut von historischen Darstellungen, Memoiren und Biographien auslöste, lebte der Herzog von Windsor im Exil, zunächst mehrere Monate in der Nähe von Wien auf einem Landsitz der Bankiersfamilie Rothschild und danach meist in Frankreich, nach eigenem Bekunden aus steuerlichen Gründen. Die Krönung seines Bruders Albert als Georg VI. am 12. Mai 1937 verfolgte er am Radio. Am 3. Juni 1937, am Geburtstag seines verstorbenen Vaters, heiratete er auf Schloss Candé nahe der französischen Stadt Tours Wallis Simpson. Kein Mitglied der Familie Windsor war bei der standesamtlichen und nachfolgenden kirchlichen Zeremonie anwesend. Bei der Abdankung war vereinbart worden, dass sich der Herzog bzw. das herzogliche Paar nur auf ausdrückliche Einladung König Georgs VI. in Großbritannien aufhalten dürfe.

Solche Einladungen wurden in den Nachkriegsjahren selten ausgesprochen – im Grunde nur bei Trauerfällen im Hause

Abb. 4: Hochzeit des Herzogs und der Herzogin von Windsor
auf Schloß Candé, 3. Juni 1937.

Windsor, so etwa 1952 bei der Beerdigung seines jüngeren Bruders und Nachfolgers, Georgs VI., oder 1953 beim Tod seiner
Mutter, Königin Mary. In beiden Fällen ging die Einladung von
Königin Elisabeth II. aus. An den Hochzeitsfeierlichkeiten seiner Nichte Elisabeth nahm er im November 1947 nicht teil,
auch nicht an ihrer Krönung im Juni 1953. Intern nannte man
im Buckingham-Palast, so wird jedenfalls berichtet, die Herzogin weiterhin «Mrs. Simpson». Das Recht auf die Anrede «Königliche Hoheit» wurde ihr zum anhaltenden Ärger des Herzogs
von König Georg VI. verwehrt. Die vermeintliche Missachtung
der Herzogin und ihrer sozialen Stellung nährte die bittere Fehde im Hause Windsor, die im Grunde nie beigelegt wurde. Erst
in seinen letzten Lebensjahren entspannte sich das Verhältnis
zwischen dem Herzog und der Familie seiner Nichte.

Bei der Rückkehr von den Bahamas, seinem ungeliebten Exil

während der Kriegsjahre bis März 1945, war der Herzog knapp fünfzig Jahre alt. Schon 1944 hatte Premierminister Churchill die Frage gestellt, welche Rolle der ehemalige König nach dem Krieg übernehmen solle oder besser: könne. Eine Entscheidung wurde damals nicht getroffen. Das vage Angebot des Herzogs, zukünftig auf dem «Feld der anglo-amerikanischen Beziehungen» mit Wohnsitz in den Vereinigten Staaten tätig zu werden, wurde nach Kriegsende sowohl von Churchill als auch von der ihm folgenden Regierung Attlee abgelehnt.

Bis zu seinem Tode am 28. Mai 1972 in der französischen Hauptstadt führte der Herzog von Windsor das müßige Leben eines sehr wohlhabenden Rentiers. Er pendelte zwischen seinen luxuriösen Residenzen in Paris und an der Côte d'Azur, gärtnerte, spielte Golf und frequentierte exklusive Juweliere und Modegeschäfte. Als Prinz von Wales und als König war Eduard wegen seines sozialen Engagements für die benachteiligten Schichten der Bevölkerung immer wieder gerühmt worden. Mit dem Tage seiner Abdankung als König und Kaiser war sein Interesse an sozialen Problemen, so weit bekannt, erloschen.

Die Vorgänge vom Dezember 1936 waren die schwerste Krise, die das Haus Windsor im 20. Jahrhundert durchmachte – bis zum tragischen Unfalltod Dianas, der Prinzessin von Wales, im August 1997. Im Rückblick fällt auf, dass bei der Abdankung Eduards VIII. die Stimmen, die für eine Abschaffung der Monarchie in Großbritannien plädierten und dafür den Zeitpunkt gekommen sahen, auf keine größere Resonanz stießen. Der Fortbestand der Monarchie wurde damals nie grundsätzlich in Frage gestellt. Während Premierminister Baldwin am 10. Dezember 1936 im Unterhaus in wohltönenden Worten behauptete, die Monarchie in Großbritannien stehe für «weit mehr denn je in ihrer Geschichte» und dafür mit Beifall bedacht wurde, erklärte lediglich ein einsamer Abgeordneter vom äußersten linken Flügel der Labour-Partei, das monarchische System habe seine Nützlichkeit im 20. Jahrhundert überlebt und müsse daher abgeschafft werden. Seine Worte gingen unter im lautstarken Protest der Abgeordneten.

III. Die Konsolidierung der konstitutionellen Monarchie: Georg VI. (1936–1952)

Die plötzliche Abdankung Eduards VIII. war ein Schock, der die Öffentlichkeit und die unmittelbar Betroffenen gleichermaßen traf. Manche Historiker sind der Ansicht, sie sei eine «größere Katastrophe» gewesen (Robert Rhodes James), für das Land, das Empire und die Menschen, von deren Loyalität die Monarchie getragen wird. Sarah Bradford schrieb: «Die Abdankung war für die Königliche Familie eine traumatische Erfahrung, die sie niemals vergaß.» Man mag hinzufügen: bis heute nicht. Die Frage, ob Königin Elisabeth II. ihr Amt freiwillig aufgeben und dadurch ihrem Sohn den Weg für die Nachfolge freimachen könnte, ist im Hause Windsor ein Tabuthema.

Als Harold Nicolson im Sommer 1948 den Auftrag erhielt, die «offizielle Biographie» König Georgs V. zu verfassen, hatte er Gelegenheit, dessen Witwe, Königin Mary, auch über die Vorgänge im November und Dezember 1936 zu befragen. Ihr 41-jähriger Sohn Albert sei zutiefst erschrocken gewesen, als feststand, dass er die Nachfolge seines älteren Bruders antreten müsse, erinnerte sich die Königinwitwe. «Er war seinem Bruder sehr zugetan», ließ sie Nicolson wissen, «und die ganze Abdankungskrise machte ihn unglücklich. Er schluchzte eine Stunde lang an meiner Schulter – da, auf diesem Sofa. Aber er hat seine Sache gut gemacht.» Er fühle sich wie das sprichwörtliche Schaf, das zur Schlachtbank geführt wird, seufzte der neue König am Tag der Abdankung seines Bruders. Und das sei kein angenehmes Gefühl. Noch Jahre später sprach Georg VI. von dem «fürchterlichen Tag», an dem er die Nachfolge seines Bruders antreten musste.

Albert Friedrich Arthur Georg von York, von der Familie «Bertie» genannt, wurde am 14. Dezember 1895 als zweiter Sohn Georgs V. und Queen Marys in Sandringham in der Grafschaft Norfolk geboren. Dass ihm seine Eltern den Erstnamen Albert gaben, erfreute die Urgroßmutter und Taufpatin Königin Viktoria. Aber dass er ausgerechnet am Todestag ihres Gatten, des Prinzgemahls Albert (1819–1861), und ihrer Tochter Alice (1843–1878) zur Welt kam, brachte sie aus der Fassung. Letztendlich überwog bei ihr jedoch die Freude über die Namensgebung. Für die Erziehung des Prinzen, spartanisch und von der Außenwelt weitgehend isoliert, waren die unvermeidlichen Gouvernanten und Hauslehrer zuständig. Wie bei seinem älteren Bruder Eduard und der jüngeren Schwester Mary (1897–1965) wurde der Unterricht im königlichen Haushalt eher nachlässig gehandhabt, mit entsprechend dürftigen Ergebnissen. Der erzieherische Nachdruck lag auf Sport.

Der junge Prinz Albert galt als schüchtern, empfindlich und kränklich. Seine Beine mussten wegen einer Fehlbildung lange Zeit geschient werden. Im Alter von sieben Jahren begann er zu stottern. Manche Biographen machen für die Entstehung des sprachlichen Handicaps, mit dem der Prinz und spätere König sein Leben lang zu kämpfen hatte, den Zwang des Vaters und der Hauslehrer verantwortlich, die aus dem Linkshänder einen Rechtshänder machen wollten. Zudem galt er als gesundheitlich wenig stabil. Vermutlich hätte niemand zum damaligen Zeitpunkt die Voraussage gewagt, dass der scheue, gelegentlich jähzornige Prinz einmal den Thron besteigen und letzter Kaiser von Indien sein würde. Den Subkontinent, dessen Herrscher er bis 1947 war, hat er übrigens nie besuchen können, im Unterschied zu Vater, Großvater und älterem Bruder. Der geplante Durbar in Neu-Delhi wurde immer wieder mit unterschiedlichen Begründungen aufgeschoben. Georg VI. hat das bedauert

Georg V. beurteilte den Charakter seines zweitältesten Sohnes Albert mit mehr Wohlwollen als den des erstgeborenen Eduard («David»). «Du warst immer so vernünftig und unkompliziert bei gemeinsamen Arbeiten», ließ der König seinen Sohn Albert wenige Tage nach dessen Hochzeit im April 1923 wissen. «Du warst immer bereit, auf meinen Rat zu hören und meinen Meinungen über Leute und Sachen zuzustimmen. Ich habe das Gefühl, dass ich mit Dir immer gut ausgekommen bin – im

Unterschied zum lieben David.» Doch Albert glaubte immer, im Schatten seines charmanten und vermeintlich begabteren Bruders zu stehen.

I. Die Erziehung des Prinzen

Im Alter von vierzehn Jahren folgte Albert seinem Bruder Eduard auf die Kadettenschule, das Junior Royal Naval College in Osborne auf der Insel Wight. Es war der Wunsch des Vaters, dass seine Söhne wie er selbst eine seemännische Ausbildung erhalten und danach eine Laufbahn bei der Königlichen Marine anstreben sollten. Andere Optionen wurden offenbar auch für den Zweitgeborenen nie ernsthaft diskutiert. Wahrscheinlich folgten die Windsors und ihre Ratgeber einfach den Usancen der regierenden Häuser Europas, vielleicht instinktiv dem Rat des Königs Umberto I. (1844–1900) von Italien an seinen Sohn: «Denke daran: Um König zu sein, brauchst Du nur zu wissen, wie Du Deinen Namen schreibst, ein Schriftstück liest und ein Pferd besteigst.» Oder dachten sie an Niccolò Machiavelli (1469–1527)? Vor über vierhundert Jahren hatte der zynische Theoretiker der Macht geschrieben: «Ein Herrscher soll ... sich keiner anderen Kunst widmen als der Kriegskunst, ihren Regeln sowie der militärischen Disziplin; denn dies ist die einzige Kunst, deren Beherrschung man von dem erwartet, der die Befehlsgewalt hat.»

Durch besondere Fähigkeiten fiel der Prinz in seiner Kindheit und Jugend nicht auf. Die Biographen erwähnen jedoch gute Französischkenntnisse, die er sich früh angeeignet hatte. Bei den Abschlussprüfungen an den besuchten Kadettenschulen in Osborne und Dartmouth (Royal Naval College 1911–13) war Albert nicht sehr erfolgreich. Weniger diplomatisch ausgedrückt: In der Rangliste seines Jahrgangs lag der Prinz auf der Insel Wight auf dem letzten Platz, in Dartmouth 1912 auf dem 61. unter insgesamt 67 Kadetten. Dennoch: Bei der Marine fühlte sich der Prinz in diesen Jahren wohl, auch wenn er wie sein Vater zeitlebens an der Seekrankheit litt.

Die Ausbildung zum Marineoffizier war mit monatelangen

Seereisen verbunden. Sie führten Albert 1913 auf dem Kreuzer
HMS Cumberland in die Karibik und nach Kanada und 1914
ins Mittelmeer. Im kurz darauf beginnenden Ersten Weltkrieg
diente er als Leutnant auf einem Schlachtkreuzer und nahm am
31. Mai/1. Juni 1916 an der einzigen großen Schlacht zwischen
der britischen und deutschen Hochseeflotte vor dem Skagerrak
teil. Wenige Monate später musste er sich einer schwierigen
Operation unterziehen. Damit war sein aktiver Dienst bei der
Marine praktisch beendet. Das Kriegsende erlebte der Prinz in
Frankreich, und als die alliierten Truppen in das befreite Brüssel
einzogen, vertrat er dort seinen Vater. Ein Intermezzo blieb sein
Dienst bei der gerade gegründeten Königlichen Luftwaffe
1918/19.

Nach dem Ausscheiden aus dem aktiven Militärdienst stellte
sich dem 23-jährigen Prinzen Albert die hinlänglich bekannte
Frage nach einer sinnvollen Beschäftigung, die sein Leben zukünftig ausfüllen könnte. Repräsentative Pflichten waren für
ihn zunächst nicht vorgesehen, und wegen seines Sprachfehlers
versuchte er auch, sie möglichst zu vermeiden. So bezog Albert
zusammen mit seinem jüngeren Bruder Henry (1900–1974) im
Oktober 1919 zunächst einmal die Universität Cambridge, wo
er Geschichte, Volkswirtschaft und Verfassungsgeschichte studierte. Man darf davon ausgehen, dass er dabei den beiden Ver-
fassungsklassikern Walter Bagehot und A. V. Dicey (*The Law of
the Constitution*, 1885) begegnet ist. Doch schon nach neun
Monaten wurde die Studienzeit Alberts auf Drängen des Vaters
beendet. Im Juni 1920 erhielt er vom König, quasi als Kompensation für einen entgangenen akademischen Grad, den Titel
Herzog von York.

In den folgenden Jahren band Georg V. den Herzog von York
stärker in die repräsentativen Aufgaben des Königshauses ein.
Der König dachte an eine Aufgabenteilung: Der smarte Thronfolger Eduard sollte sich um das Weltreich kümmern und der
jüngere Bruder Albert, der 1923 die schottische Adelige Lady
Elizabeth Bowes-Lyon (1900–2002) geheiratet und sein Stottern mit Hilfe eines Logopäden fast überwunden hatte, den König bei Verpflichtungen im Vereinigten Königreich unterstützen.

Für soziale Fragen und die moderne Arbeitswelt, für die industrielle Entwicklung Großbritanniens und die Probleme sozial benachteiligter Jugendlicher zeigte Albert dabei großes und anhaltendes Interesse. Gelegentlich unternahm das junge Herzogspaar Reisen, so etwa 1923 nach Südosteuropa zu Familienfeiern der königlichen Verwandtschaft in Rumänien und Serbien, 1924/25 nach Ostafrika und in den Sudan, Anfang 1927 nach Australien und Neuseeland. Offizieller Anlass für den Aufenthalt in Australien war die Eröffnung des neuen Parlamentsgebäudes in Canberra, der aus der Retorte geschaffenen Hauptstadt des Commonwealth von Australien. Während sich das Herzogspaar sechs Monate lang in Übersee aufhielt, blieb seine knapp ein Jahr alte Tochter Elisabeth in der Obhut von Kindermädchen. Eine sportliche Episode war im Juni 1926 die Teilnahme des Herzogs am Tennisturnier in Wimbledon. Doch schon in der ersten Runde des Herrendoppels schieden der prominente Amateur und sein Partner aus. Danach nahm Albert nie wieder an einem Turnier teil. Sport, Reisen, Repräsentation und ein intensives Familienleben mit den 1926 und 1930 geborenen Töchtern Elisabeth und Margaret Rose füllten die Zeit.

2. In die Pflicht genommen

Der gemächliche Rhythmus des Lebens änderte sich für den Herzog von York mit dem Tode des Vaters und der Thronbesteigung seines noch unverheirateten Bruders Eduard im Januar 1936. Solange der neue König keinen direkten Nachkommen hatte, stand Albert auf einmal in der Thronfolge an erster Stelle. Doch dass die ferne Möglichkeit schneller als erwartet Realität werden könnte, ließ sich bis zum dramatischen Herbst 1936 nicht absehen. Am 17. November 1936 erfuhr Albert von seinem Bruder, dass er Mrs. Simpson zu heiraten gedenke. Knapp vier Wochen später, am 11. Dezember 1936, hatte er als Georg VI. dessen Nachfolge angetreten. Die Wahl des Herrschernamens war seine Entscheidung: Er wollte dadurch die Kontinuität zu seinem Vater betonen und die unglückliche Zeit seines älteren Bruders auf dem Thron vergessen machen.

Gegenüber seinem Freund und Vetter Lord Louis Mountbatten (1900–1979) erklärte er mit übertreibender Bescheidenheit: «Ich bin völlig unvorbereitet. David [= Eduard] wurde dafür zeit seines Lebens ausgebildet. Ich habe noch nie eine Regierungsakte gesehen. Ich bin ein schlichter Marineoffizier, nur mit dessen Aufgaben bin ich vertraut.»

Georg VI. lernte indes sein Handwerk schnell und gründlich. Öffentlich oder privat geäußerte Zweifel an der Praxis dynastischer Erbfolge (falls es sie denn gab) waren nach der Abdankung Eduards VIII. bald verstummt. Das augenscheinlich harmonische Familienleben des neuen Königs, seine Zurückhaltung und sein Pflichtbewusstsein trugen ihm schnell die Sympathie der Bevölkerung ein. Während Pressefotos den verstorbenen König Georg V. meist in Uniform oder bei der Jagd gezeigt hatten, posierte sein Sohn mit der Familie beim Spaziergang oder beim Picknick im Freien – die Königin in modischeleganter Garderobe, die für den Aufenthalt im ländlichen Ambiente denkbar ungeeignet war. Bilder der beiden Prinzessinnen erschienen in allen Gazetten des Landes. Zum ersten Mal sah die Bevölkerung Fotos der ersten Familie des Landes und ihrer Verwandten, auf denen die Dargestellten lächelten und die sie in vergleichsweise privaten Situationen zeigten. Glich die Königliche Familie nicht der eigenen oder der netten Nachbarn von nebenan? Die Presse beeilte sich, der schönen Illusion mit immer neuen Fotos und Reportagen Nahrung zu geben. Das Image der Monarchie wandelte sich.

Das hing in erster Linie damit zusammen, dass sich in den 1930er Jahren das Verhältnis zwischen Königshaus und Medien veränderte. Mit der Thronbesteigung Georgs VI. und seiner von der BBC übertragenen Krönung in der Abtei von Westminster am 12. Mai 1937 wurden in Großbritannien die Grundlagen für die Medienmonarchie des 20. Jahrhunderts gelegt. Die Berichterstattung der Presse und des Rundfunks über die Aktivitäten der Königsfamilie nahm zu und beschränkte sich nicht länger auf die Veröffentlichung des offiziellen Hofberichts. In den Kriegsjahren wandte sich der König zudem regelmäßig an die Bevölkerung Großbritanniens und des Empire – zu Weihnach-

Abb. 5: Krönung Georgs VI. am 12. Mai 1937. Auf dem Balkon des
Buckingham-Palasts: Königin Elizabeth, Prinzessin Elisabeth, Königin Mary,
Prinzessin Margaret Rose und Georg VI.

ten und bei außergewöhnlichen militärischen Vorkommnissen,
so etwa am Tage der alliierten Landung in der Normandie im
Juni 1944 und anlässlich der deutschen Kapitulation im Mai
1945. Sichtbarer und hörbarer als jemals zuvor waren die Monarchie und ihre Vertreter im Alltag der Menschen präsent. Dabei wurde der Wandel im Erscheinungsbild der Monarchie anfangs nur von wenigen bewusst wahrgenommen, da die internationalen Spannungen der 1930er Jahre die Aufmerksamkeit der
Öffentlichkeit in weit größerem Maße beanspruchten.

Seine Unerfahrenheit in außenpolitischen Fragen hielt den
König davon ab, sich mit persönlichen Stellungnahmen oder
Andeutungen in die Debatte um die umstrittene Appeasement-
Politik der Regierung Chamberlain einzuschalten. Er unterstützte die außenpolitische Linie Neville Chamberlains (1869–
1940), der seit Mai 1937 in der Downing Street amtierte – nicht,
weil er dessen Politik gegenüber dem nationalsozialistischen
Deutschland und dem faschistischen Italien guthieß, sondern
aus dem einfachen Grund, weil Chamberlain der Premierminis-

ter war, der im korrekten Verfassungsverständnis des Monarchen die Richtlinien der Politik vorgab. Als der Premier am
30. September 1938 nach der Konferenz mit Hitler und Musso-
lini aus München zurückkehrte und den jubelnden Menschen in
London Frieden versprach, beglückwünschte Georg VI. ihn
zum Ausgang der Verhandlungen mit dem deutschen Diktator
und zeigte sich mit ihm auf dem Balkon des Buckingham-Palastes. In der Geschichtsschreibung ist der König wegen seiner
loyalen Haltung gegenüber Chamberlain später gelegentlich
kritisiert worden. Dadurch habe sich Großbritanniens Abkehr
von der fatalen Appeasement-Politik dieser Jahre verzögert.
Aber hätte sich der König anders verhalten können?

Vorbehaltlos gelobt werden von den Historikern hingegen die
beiden Reisen, die das Königspaar am Vorabend des neuen
Krieges in Europa auf Anregung der Londoner Regierung unternahm. Durch sie seien die Weichen für die Koalition gegen
Hitler-Deutschland und seine Bundesgenossen im heraufziehen-
den Krieg gestellt worden. Den Staatsbesuch in Frankreich im
Juli 1938 feierten Regierung und Presse in beiden Ländern als
außerordentlichen Erfolg. Er hätte die Beziehungen zwischen
zwei engen Verbündeten in einer kritischen Zeit gefestigt. Dann,
knapp ein Jahr später, als durch Hitlers aggressive Außenpolitik
die Kriegsfurcht in Europa neue Nahrung erhielt, reiste das Königspaar auf der *Empress of Australia* nach Kanada und in die
Vereinigten Staaten. In beiden Ländern war es der erste Besuch
eines britischen Monarchen. Präsident Franklin D. Roosevelt
empfing das Königspaar in Washington und anschließend auf
seinem privaten Landsitz in Hyde Park im Bundesstaat New
York (8.–12. Juni 1939). Auf der *Empress of Britain* trat es am
19. Juni 1939 die Heimreise über den Atlantik an.

Königliche Besuche im Ausland, zumal Staatsbesuche, werden von den Medien eigentlich immer als große Ereignisse gefeiert. Historiker tun sich schwerer damit, ihre Bedeutung für die
bilateralen Beziehungen von Staaten zu würdigen. Der Visite
des britischen Königspaares in Nordamerika billigen sie jedoch
angesichts der damaligen weltpolitischen Lage uneingeschränkt
einen hohen diplomatischen und symbolischen Stellenwert zu.

Sie sei ein Triumph britischer Öffentlichkeitsarbeit gewesen und an Bedeutung mit dem Besuch König Eduards VII., dem Nachfolger Königin Viktorias, in Paris 1903 vergleichbar. Der umjubelte Staatsbesuch begründete damals die *Entente cordiale,* das «herzliche Einvernehmen» zwischen Großbritannien und Frankreich, das Fundament für das Bündnis beider Länder im Ersten Weltkrieg.

3. Während des Krieges

Die beiden spektakulären Staatsbesuche und seine Haltung im Zweiten Weltkrieg machten Georg VI. zuhause zum populären Monarchen. Anfang Januar 1941 schrieb Churchill an ihn: «Eure Majestät werden von allen Klassen und Ständen mehr geliebt als je zuvor ein Mitglied des Königshauses.» Da hatte der wortgewaltige Premierminister und Schriftsteller vielleicht ein wenig übertrieben, doch die dramatische Vorgeschichte des Thronwechsels von 1936, dem Jahr der drei Könige, war im öffentlichen Bewusstsein längst verblasst. Schon im April 1937 hatte Neville Chamberlain nach einem Ball im Buckingham-Palast festgehalten. «Einige wenige Leute erinnerten sich an den Herzog von Windsor und dankten dem Himmel inbrünstig, dass er seinen Platz geräumt hat und durch ein Königspaar ersetzt wurde, das jedermann respektieren kann.»

Radioansprachen, Besuche bei der Flotte und beim britischen Expeditionsheer in Frankreich gleich zu Beginn des Krieges ließen in der Öffentlichkeit das Bild des energischen und entschlossenen königlichen Heerführers entstehen, in dessen Schatten der kränkelnde 73-jährige Chamberlain an politischer Bedeutung verlor. Dieser Eindruck trog freilich. Nüchtern betrachtet konnte von einer Veränderung in den politischen Entscheidungsprozessen des Landes nicht die Rede sein.

Als Premierminister Chamberlain schließlich wegen des Norwegen-Fiaskos am 10. Mai 1940 zurücktrat, empfahl er dem König seinen langjährigen Widersacher, den Marineminister Winston S. Churchill, als seinen Nachfolger. Georg VI. beauftragte daraufhin nach den üblichen Konsultationen den Mann, der die Appeasement-Politik in den späten Dreißigerjahren heftig bekämpft hatte, mit der Bildung der neuen Regierung, der Minister aus allen großen Parteien angehören sollten. Nach der gängigen Verfassungspraxis konnte der Monarch nicht anders handeln, obwohl er selbst Außenminister Lord Halifax (1881–1959) als Premierminister vorgezogen hätte. Mit Halifax war er befreundet; Churchill hatte 1936 in der Abdankungskrise Eduard VIII. unterstützt. Doch persönliche Sympathien oder Präferenzen des Monarchen mussten bei der Entscheidung über die Besetzung des Amts in der Downing Street zurückstehen. Der Monarch folgte dem «Rat» des zurücktretenden Regierungschefs. Lord Halifax wurde mit dem Botschafterposten in Washington abgefunden.

Mit Churchills Einzug in die Downing Street veränderte sich die Rolle des Königs. Seit Mai 1940 war der neue Premierminister unbestritten derjenige, der auch in der Wahrnehmung der Öffentlichkeit Großbritanniens Kriegsanstrengungen koordinierte und die Marschrichtung vorgab. Georg VI. übernahm fortan Aufgaben, die primär die Moral der Bevölkerung stärken und ihr zeigen sollten, dass die Königsfamilie die Härten und Entbehrungen des Krieges mit ihr teilte. Dazu gehörten besonders seine Besuche von Städten und Stadtvierteln, die von der deutschen Luftwaffe während ihrer Offensive gegen England bombardiert worden waren. In seinem Tagebuch, das er während des Krieges führte, notierte er: «Ich fühle, dass solche Besuche in diesen Momenten viel Gutes tun, und es ist eine meiner wesentlichen Aufgaben im Leben, anderen zu helfen, wenn es ihnen nützt.»

Das Königspaar wohnte weiterhin im Buckingham-Palast, bis mehrere Bombentreffer den Umzug nach Schloss Windsor erzwangen. Zur Arbeit fuhr der König nun jeden Tag in die Stadt. Eine Evakuierung seiner beiden Töchter ins sichere Kanada lehnte er kategorisch ab. Dass deutsche Bomben auch den Palast nicht verschonten, stellte sich für das Königshaus als Glücksfall für sein öffentliches Image heraus. «Ich bin froh, dass wir bombardiert worden sind», bemerkte die Königin im September 1940. «Nun können wir dem East End von London ins

Gesicht sehen.» Wenn der König oder Angehörige seiner engeren Familie in den Wochenschauen der Kinos auf der Leinwand
erschienen, applaudierte das Publikum. Die Monarchie, stellte
Churchill 1943 fest, habe sich als wahres Bollwerk britischer
Freiheit gegen Tyranneien aller Art bewährt.

Zu seinem ebenso resoluten wie charismatischen Premierminister unterhielt Georg VI. nach anfänglichen Irritationen über
dessen «ungezwungene Art» (so John Colville, der Privatsekretär Churchills) während des Krieges eine außergewöhnlich enge,
ja freundschaftliche Beziehung. Briefe an den Premier beendete
er mit der Wendung «Ihr sehr aufrichtiger und dankbarer
Freund». Seit September 1940 trafen sich die beiden Herren jeden Dienstag zum Lunch im Buckingham-Palast, ohne Ratgeber
und protokollierende Sekretäre. Was in den über zweihundert
Begegnungen unter vier Augen bis Kriegsende beredet wurde,
ist nicht bekannt. Doch die Vermutung liegt nahe, dass bei diesen Gelegenheiten die großen Fragen rund um den Krieg be-
sprochen wurden. «Er [= Churchill] erzählt mir mehr über seine
Pläne und Gedanken, als sich die Leute vorstellen können», berichtete der König im Februar 1943 seiner Mutter, Queen Mary.
«Erst wenn die Zeit dafür reif ist, informiert er seine Minister-
kollegen und die Generalstabschefs.»

Churchill sei darüber glücklich gewesen, schreibt sein Biograph Roy Jenkins, mit dem König in aller Offenheit über fast
jeden Aspekt des Krieges reden zu können. Der Premierminister
benutzte im Umgang mit dem Monarchen die Sprache des ehr-
erbietigen Untertanen. Briefe an ihn schloss er mit «Ihr treuer
und ergebener Diener». Aber Churchill habe es Georg VI. verwehrt, so Jenkins, sich über den abgesteckten Rahmen hinaus in
die Politik einzumischen, und ihm zu verstehen gegeben, dass
der Premierminister allein letztendlich die Politik des Landes
bestimmt. War der Hinweis notwendig? Hier unterschätzt Jenkins offensichtlich das Verfassungsverständnis des Königs.

Überdies darf bezweifelt werden, ob die Grenzen zwischen
Erörterung und Einmischung im privaten Gespräch so scharf
gezogen werden können. Ein Brief an Neville Chamberlain vom
März 1940 zeigt, in welcher Form Georg VI. auf politische Ent-

scheidungen Einfluss zu nehmen versuchte. Der damalige Premier wollte sein Kabinett umbilden und hatte dem König eine
Liste mit den Namen der vorgesehenen Minister geschickt. «Ich
kann ein Gefühl von Vorahnung leider nicht verbergen», antwortete der König. «Es wird nach meinem Gefühl Kritik geben,
wenn es nicht ein paar jüngere Männer in einem solchen Kriegs-
kabinett geben wird. Ich nehme an, dass Sie diesen Aspekt der
Angelegenheit wahrscheinlich schon bedacht haben. Aber ich
dachte, es wäre schade, wenn er sich auf die neu gebildete Regierung als ganze schädlich auswirken würde.» Anthony Eden,
der unter zwei Königen als Außenminister amtierte, sagte einmal, Georg VI. hätte bei Audienzen meistens zugehört, während
Georg V. die ganze Zeit redete und den Minister kaum zu Wort
kommen ließ.

Wahrscheinlich hat Churchill den Monarchen bei einem ihrer
regelmäßigen Treffen schon frühzeitig über die anglo-amerika-
nische Zusammenarbeit zur Entwicklung der Atombombe informiert, möglicherweise früher als die Minister in seinem Kabinett. Der König war auch einer der wenigen, die wussten, dass
die Briten den militärischen Geheimcode der Deutschen ge-
knackt hatten. Als Churchill Ende Juli 1945 aus dem Amt
schied, schrieb er an den König: «Es war immer eine Erleichterung für mich, meinem Souverän all die schrecklichen Geheim-
nisse und Gefahren vorzulegen, die mein Gemüt bedrückten,
und die Pläne, die ich schmiedete, und bei schwierigen Gelegenheiten viel Ermutigung zu erhalten. Das Verständnis Eurer
Majestät für alle Angelegenheiten des Staates und des Krieges
ruhte stets auf dem außerordentlich gründlichen und sorgfäl-
tigen Studium der ganzen Masse aktueller Dokumente, und dies
befähigte uns, alles in angemessener Weise zu prüfen und einzuschätzen ... Eure Majestät hat unsere Freundschaft erwähnt,
und dies ist in der Tat eine sehr starke Empfindung in mir und
eine Ehre, die ich zu schätzen weiß.» Das war ehrlich gemeint.

Beide, König und Premierminister, konnten sicher sein, dass
nichts von ihren Gesprächen ohne ihren Willen nach außen
drang. Auf den ungestümen Premier gewann der König dabei
bald einen mäßigenden Einfluss. Als der damals 70-jährige

Churchill zum Entsetzen der verantwortlichen Militärs den Beginn der alliierten Invasion in der Normandie am 6. Juni 1944 persönlich miterleben wollte, intervenierte der zwanzig Jahre jüngere König. «Lieber Winston», schrieb ihm Georg VI., «ich habe lange über unsere gestrige Unterhaltung nachgedacht und bin zu dem Schluss gekommen, dass es weder für Sie noch für mich richtig wäre, den ‹D›-Tag so zu verbringen, wie wir es geplant haben. Ich glaube nicht, dass ich betonen muss, was es für mich persönlich und für die alliierte Sache im gesamten bedeuten würde, wenn Sie eine Zufallsbombe, ein Torpedo oder eine Mine in diesem kritischen Augenblick aus dem Leben risse, und auch ein Thronwechsel wäre in diesem Moment für Land und Empire eine ernste Sache. Ich weiß, wir wären beide gern dabei; dennoch möchte ich Sie in allem Ernst bitten, Ihre Absicht noch einmal zu erwägen.» Churchill folgte der königlichen Bitte, wenigstens für ein paar Tage. Dann hielt ihn nichts mehr an seinem Amtssitz. Am 12. Juni 1944 betrat er den Strand bei der kleinen normannischen Ortschaft Courseulles und traf dort mit General Montgomery zusammen.

Nur vier Tage später war auch der König bei den alliierten Landungstruppen in der Normandie. Mit der ausgedehnten Reisetätigkeit seines Premierministers konnte und wollte er es während des Krieges jedoch nie aufnehmen. Aus der Sicht der Londoner Regierung sprach vieles dagegen, dass sich der Monarch in den Kriegsjahren außerhalb des Landes aufhielt. Aber im Juni 1943 befürwortete sie einen mehrtägigen Besuch Georgs VI. bei den siegreichen Truppen in Nordafrika. Im Juli/August 1944 hielt er sich in Italien auf und im darauf folgenden Oktober im befreiten Belgien. Den Wunsch des Königs, nun auch den Fernen Osten und insbesondere Indien zu besuchen, lehnte Churchill ab.

Als der Krieg in Europa zu Ende war, hoffte Churchill auf eine Fortführung der 1940 gebildeten Koalitionsregierung unter seiner Leitung bis zum Kriegsende im Fernen Osten. Der Parteitag der Labour-Partei votierte jedoch im Mai 1945 lediglich für eine Verlängerung der Koalition bis zum Herbst des Jahres. Churchill empfand diese zeitliche Begrenzung seiner Regierung

Abb. 6: Kriegsende in London am 8. Mai 1945.
Auf dem Balkon des Buckingham-Palastes von links:
Prinzessin Elisabeth, Königin Elizabeth, Winston Churchill,
Georg VI., Prinzessin Margaret.

als Zumutung und trat am 23. Mai 1945 von seinem Amt zurück. Georg VI. weigerte sich, die Entscheidung des Premiers, der Großbritannien zum Sieg gegen das nationalsozialistische Deutschland geführt hatte, zu akzeptieren. In einer zweiten Unterredung mit dem Premier am gleichen Tag nahm er den Rücktritt an, beauftragte jedoch Churchill als Vorsitzenden der Konservativen, der stärksten Partei im Unterhaus, mit der Bildung einer neuen, konservativ-liberalen Regierung. Der alte und neue Premier, der auf seine beispiellose Popularität bei der Bevölkerung Großbritanniens vertraute, nahm den Auftrag an und bat um die Auflösung des Parlaments. Die letzten allgemeinen Wahlen hatten im Vereinigten Königreich im November 1935 stattgefunden. Neuwahlen waren ein Gebot der Stunde.

4. Die Nachkriegsjahre

Auf den ebenso überraschenden wie überwältigenden Wahlsieg der Labour-Partei im Juli 1945 reagierte der König insofern ungewöhnlich, als er den abgewählten Premierminister fragte, ob er nun den Vorsitzenden der Labour-Partei, Clement Attlee (1883–1967), mit der Regierungsbildung beauftragen solle. Georg VI. erbat also nicht nur einen Rat, sondern schlug gleichzeitig den Kandidaten für das Amt vor. Dazu hatte er in der konstitutionellen Monarchie streng genommen nicht das Recht, auch wenn es natürlich nahe lag, den Wahlsieger mit der Regierungsbildung zu beauftragen. Churchill nahm an der Initiative des Königs keinen Anstoß und stimmte dem Vorschlag zu. «Wir sagten auf Wiedersehen», hielt Georg VI. in seinem Tagebuch fest, «und ich dankte ihm [Churchill] für alle Hilfe, die er mir in den fünf Kriegsjahren gegeben hatte.» Den Abschied Churchills von der Downing Street bedauerte er, so wie er fünf Jahre zuvor das Ausscheiden Neville Chamberlains aus dem Amt nur widerwillig hingenommen hatte. Aber für Sentimentalitäten bietet die Verfassungspraxis keinen Raum.

Die eng gezogenen Grenzen der monarchischen Einflussnahme auf die Regierungsbildung überschritt Georg VI. nach Meinung der Verfassungsrechtler im Sommer 1945 noch ein zweites Mal. Er legte dem neuen Premierminister Clement Attlee nahe, Ernest Bevin (1881–1951) anstelle des für das Amt vorgesehenen Labourpolitikers Hugh Dalton (1887–1962) zum Außenminister zu ernennen. In seinem Tagebuch (Eintrag vom 26. Juli 1945) notierte der König zum Vorschlag des Premiers: «Ich stimmte ihm nicht zu und sagte, dass die auswärtigen Angelegenheiten im Augenblick das wichtigste Ressort seien und ich hoffte, dass es von Herrn Bevin übernommen würde.»

Ausschlaggebend für den Vorstoß des Königs war vermutlich seine unverhohlene Sympathie für Bevin und seine Abneigung gegen Dalton. Hugh Dalton war der Sohn des Hauslehrers John Dalton, der den Prinzen und späteren König Georg V. unterrichtet hatte. Ob Attlee den Wunsch des Königs in seine Entscheidung einfließen ließ, kann anhand von schriftlichen Quellen nicht geklärt werden. Der diskrete Attlee hat es bestritten. Es war der König selbst, der eher beiläufig seine Initiative erwähnte, als er den neuen Außenminister Bevin zur Audienz empfing. Dadurch wurde der Vorgang bekannt. Die Aufregung in Teilen der Labour-Partei über die unzulässige monarchische Intervention in den politischen Entscheidungsprozess war groß.

Die Aufregung legte sich aber schnell. Es gab wichtigere Pro-

bleme sozialer, wirtschaftlicher und politischer Art, die nach
dem Willen der Labour-Partei nicht länger auf die lange Bank
geschoben werden konnten. Die Errichtung des versprochenen
Wohlfahrtsstaates, für den der Beveridge-Bericht schon 1942
die gedankliche Vorlage geliefert hatte, die Verstaatlichung von
Schlüsselindustrien, Großbritanniens Rolle als Besatzungsmacht
in Deutschland und Schutzmacht Westeuropas im beginnenden
Kalten Krieg sowie die anstehende Dekolonisation Britisch-Indiens stellten Politik und Gesellschaft Großbritanniens vor ge-
waltige Herausforderungen. Ihre Bewältigung musste für das
Selbstverständnis der Briten als Repräsentanten einer imperi-
alen Weltmacht tief greifende Konsequenzen haben. Und mussten diese Entwicklungen nicht auch die Stellung der Monarchie
berühren und den Druck auf ihre Bereitschaft zur Anpassung
und Modernisierung erhöhen?

Jedem politischen Beobachter in den Nachkriegsjahren war
klar, dass die Errichtung eines Wohlfahrtsstaates unter Feder-
führung der Labour-Partei die Gesellschaft verändern und den
längst überfälligen Niedergang der britischen Klassengesellschaft einläuten würde. Das Ende des indischen Kaisertums
deutete überdies einen tiefen Einschnitt in der Geschichte des
Empire bzw. des Commonwealth an. Doch der günstige Moment für eine Reform der Institution Monarchie ging ungenutzt
vorüber. Das hing vor allem damit zusammen, dass für die Labour-Partei die sozial- und wirtschaftspolitischen Fragen der
Zeit, der sich verschärfende weltpolitische Konflikt mit der So-
wjetunion und die Sicherheit Westeuropas unbedingte Priorität
besaßen. Deshalb schenkte sie der Rolle der Monarchie im Verfassungsgefüge des Landes wenig Aufmerksamkeit. Der Partei-
vorsitzende und Premierminister Clement Attlee war im Grunde
ein konservativer Monarchist, der zu Georg VI. eine gute,
wenngleich weniger enge Beziehung als Churchill aufgebaut
hatte. Der König selbst zeigte sich an einer Reform der Institution Monarchie nicht interessiert. Vielleicht mangelte es ihm an
Phantasie. Ihm ging es in den unmittelbaren Nachkriegsjahren
um eine «Rückkehr zur Normalität» (H. C. G. Matthew), was
immer das aus seiner Sicht bedeuten mochte. Gelegentlich

glaubte er, dass auch in Großbritannien die Monarchie bald abgeschafft werde. Das waren Ängste, die in ähnlicher Weise
schon seinen Vater am Ende des Ersten Weltkrieges umgetrie-
ben hatten.

Die Scheu des Königs vor Veränderungen, die ihn persönlich
und die Krone als Institution betrafen, hing wohl auch mit seinem labilen Gesundheitszustand zusammen. Anfang 1947, als
Europa einen der härtesten Winter des Jahrhunderts erlebte, be-
gab sich der König mit seiner Familie nach Südafrika. Die Anregung dazu war noch während des Krieges vom damaligen Premierminister Südafrikas Jan Smuts (1870–1950) ausgegangen.
Vor allem die lange Seereise sollte den König kräftigen. In Kap-
stadt und in der Kolonie Süd-Rhodesien, dem heutigen Simbab-
we, eröffnete Georg VI. im Februar und April 1947 die Parla-
mente. Die Reise ins südliche Afrika stand jedoch unter keinem
guten Stern. Die südafrikanische Nationalpartei, hinter der der
burische Bevölkerungsteil stand, boykottierte die offiziellen
Auftritte des Monarchen. Im Zuge der beginnenden Apartheid-
Politik gestattete es ihm die Regierung des Dominion nicht,
schwarzafrikanischen Kriegsveteranen die Hand zu geben,
wenn er ihnen Orden überreichte. Der König war darüber zutiefst deprimiert.

Im November 1948 stellten die Ärzte bei Georg VI., der wie
sein Vater und Großvater ein starker Raucher war, eine weit
fortgeschrittene Arteriosklerose fest. Sogar von einer Amputati-
on des rechten Beins war die Rede. Im März 1949 unterzog sich
der König einer Operation. Seine für dieses Jahr geplante Reise
nach Australien und Neuseeland sagte er ab. Im September
1951 wurde bei ihm ein Lungenkarzinom diagnostiziert. Ein
Lungenflügel musste entfernt werden. «Dem König geht es
ziemlich schlecht», notierte Harold Nicolson am 24. September
in seinem Tagebuch. «Niemand kann über etwas Anderes reden
– und die anstehenden Unterhauswahlen sind vergessen. Was
für ein seltsames Ding ist die Monarchie!» Im Dezember war
der König so weit wiederhergestellt, dass er die traditionelle,
von der BBC übertragene Weihnachtsansprache halten konnte.
In ihr kündigte er für das kommende Jahr einen privaten Erho-

lungsurlaub in Südafrika an. Wenige Tage zuvor hatte er seinen 56. Geburtstag gefeiert.

Am 31. Januar 1952 verließen die Thronfolgerin Prinzessin Elisabeth und ihr Mann, der Herzog von Edinburgh, die britische Hauptstadt mit dem Ziel Australien und Neuseeland. Dort sollten sie die Visite nachholen, die Georg VI. aus Gesundheitsgründen 1949 hatte absagen müssen. Zwischenstation auf der langen Reise war ein Erholungsaufenthalt des jungen Paares in der ostafrikanischen Kronkolonie Kenia. In die Erinnerung der Menschen hat sich ein Pressefoto eingeprägt, das den ernst wirkenden und abgemagerten König auf dem Flugfeld in Heathrow bei der Verabschiedung seiner ältesten Tochter und seines Schwiegersohnes zeigt. Wenige Tage später, am Morgen des 6. Februar 1952, fand ihn sein Kammerdiener in Sandringham, dem Ort seiner Geburt, tot im Bett. Georg VI. war im Schlaf an einer Thrombose gestorben. Den Tag zuvor hatte er noch in Gesellschaft von Freunden auf der Jagd verbracht. «In diesen letzten Monaten war der Tod der Begleiter des Königs», ließ sich sein alter Weggefährte Winston Churchill im Rundfunk vernehmen, wortgewaltig und bilderreich wie stets bei solchen Anlässen, «so, als sei der Tod ein Bekannter, den er nicht fürchtete... Wir alle sahen, wie er sich dem Ende seiner Reise näherte.»

Drei Tage lang wurde der Leichnam des Königs in Londons ehrwürdiger Westminster Hall aufgebahrt. Schätzungen besagen, dass über 300000 Menschen am Katafalk vorbeidefilierten. In der St.-Georgs-Kapelle in Schloss Windsor fand der verstorbene König seine letzte Ruhestätte. Dort wurde er am 16. Februar 1952 in einer schlichten Zeremonie begraben. Auf der Karte, die an den Trauerkranz seines zweimaligen Premiers Winston Churchill geheftet war, standen zwei Worte: «For Valour» («Für Tapferkeit») – die Inschrift auf dem Viktoria-Kreuz, der höchsten britischen Auszeichnung für Tapferkeit im Krieg. Zwei Tage darauf ließ die 52-jährige Witwe des verstorbenen Königs bekannt geben, dass sie fortan als «Queen Elizabeth The Queen Mother» tituliert werden möchte. Sie überlebte ihren Gatten ein halbes Jahrhundert. Als willensstarke und traditionsbewusste Repräsentantin der «Familienfirma» – eine Redewendung, die Georg VI. gern im privaten Kreise benutzte – blieb sie weiter aktiv. Sie besitze die erstaunliche Fähigkeit, meinte einmal Harold Nicolson, langweiligen Leuten bei langweiligen Verpflichtungen das Gefühl zu vermitteln, sie sei an ihnen aufrichtig interessiert. Sie hatte für sich schon früh ihren eigenen Stil für öffentliche Auftritte gefunden, der bis zu ihrem Lebensende unverändert blieb und für das Haus Windsor zu einer Art Markenzeichen wurde.

Während seiner sechzehn Jahre auf dem Thron hat König Georg VI. mit vier Premierministern zusammengearbeitet: mit Stanley Baldwin bis zu dessen Rücktritt im Mai 1937, mit Neville Chamberlain bis Mai 1940, mit Winston Churchill während des Zweiten Weltkrieges bis Juli 1945 und noch einmal von Oktober 1951 bis April 1955, mit Clement Attlee von Juli 1945 bis Oktober 1951. Drei von ihnen gehörten der Konservativen Partei an, einer der Labour-Partei. Sie alle haben die Loyalität und die Unterstützung, die Aufrichtigkeit und das Pflichtbewusstsein des Königs in schwierigen Zeiten hervorgehoben. Das Loblied auf die Qualitäten eines verstorbenen Monarchen ist ein Topos, bestimmt für die Öffentlichkeit. Im privaten Kreis gemachte Äußerungen sind differenzierter. Im Falle Georgs VI. verbergen sie nicht eine gewisse Verblüffung über seine intellektuellen Defizite. Die Vertreter von Kunst und Wissenschaft habe er regelrecht boykottiert. Doch der Intellektuelle auf dem Thron ist eine Ausnahmeerscheinung. Und dass ein solcher Typus von Monarch seine repräsentative Rolle an der Spitze des Staates besser ausfüllen kann, ist keineswegs sicher. Gesunder Menschenverstand und Erfahrung dürfen in dieser Hinsicht nicht unterschätzt werden. Oft sind sie für das einzigartige Amt hilfreicher als intellektueller Scharfsinn und nachdenkliche Unentschlossenheit.

Unbestritten ist, dass Georg VI. durch seine Haltung und sein Wirken in den Tagen des Thronwechsels im Dezember 1936 und im Zweiten Weltkrieg die Sympathien und Verehrung der Bevölkerung gewann. Dass er die Transformation des glorreichen Empire in das eher prosaische Commonwealth of Nations mit Verständnis und Toleranz begleitete und die Monarchie als einigendes Band für die heterogene Staatengemeinschaft begriff, hat ihm den Respekt von Politikern aus den Dominien und den nach Unabhängigkeit strebenden Kolonien eingebracht.

Im Februar 1952 würdigte der ehemalige Premierminister Clement Attlee die Lebensleistung des verstorbenen Königs mit den Worten: «Nur wenige Menschen realisieren, wie viel Zeit und Fürsorge er den öffentlichen Angelegenheiten gewidmet hat, aber Besucher aus Übersee waren oft erstaunt über seine enge Vertrautheit mit allen möglichen Fragen. Mit diesem intensiven Studium verbanden sich eine gute Urteilskraft und ein sicherer Instinkt für das, was wirklich wichtig war. Während seiner Regierungszeit gab es Entwicklungen im Commonwealth, von denen einige die Aufgabe äußerer Formen zur Folge hatten, auf die zu verzichten für einen geringeren Mann schwierig gewesen wäre. Aber er war in wesentlichen Dingen weitherzig und bereit, den Wandel zu akzeptieren, der notwendig schien.» Der amtierende Premierminister Churchill nannte den König im Unterhaus einen Mann, dessen Herz auch in schwieriger Zeit niemals verzagte und dessen Mut vorbildlich war. Der Botschafter Frankreichs in London erklärte, Georg VI. hinterlasse seiner Tochter einen Thron, der so stabil sei wie noch nie in Englands Geschichte.

Viele Jahre später bemerkte einer seiner Biographen: «Georg VI. tat seine Pflicht, ohne davon viel Aufhebens zu machen ..., und das verschaffte ihm außerordentlichen Respekt ... Obwohl er mit wachen Augen auf der Beachtung der königlichen Vorrechte beharrte, hielt er sich in der politischen Praxis mit direkten Interventionen in die Tagespolitik zurück. Obwohl er einige ihrer Gesetzesmaßnahmen missbilligte, unternahm er keinen Versuch, das große Programm von Sozialreformen der Regierung Attlee zu behindern. Georg VI. verkörperte schlichte Tugenden in einem Zeitalter der Gewalt» (H. C. G. Matthew).

IV. Vom Empire zum Commonwealth:
Elisabeth II. (seit 1952)

Die älteste Tochter Georgs VI. war 26 Jahre alt, als sie die Nachfolge ihres Vaters antrat. Sie war damit jünger als alle ihre Vorgänger aus dem Hause Windsor im Augenblick des Thronwechsels. Die Nachricht vom plötzlichen Tod ihres Vaters hatte sie in Kenia erreicht, auf dem Wege nach Australien und Neuseeland. «Sie wurde Königin», spekulierte Harold Nicolson in seinem Tagebuch, «während sie hoch oben in einem Baum in Afrika saß und die Nashörner beobachtete, die zum nahen Wassertümpel kamen.» Unverzüglich traten Elisabeth und der Herzog von Edinburgh die Heimreise an. Auf dem Londoner Flughafen Heathrow erwarteten sie am Nachmittag des 7. Februar 1952 der Premierminister Winston Churchill, Kabinettsmitglieder und der Oppositionsführer Clement Attlee.

Das Bild vom Empfang der neuen Königin in der britischen Hauptstadt ging um die Welt: eine schmale Gestalt in Schwarz, die die Gangway ihres Flugzeuges zu den auf sie wartenden Politikern hinabsteigt. Doch im Gedächtnis der Menschen ist die glanzvolle Krönung Elisabeths in der Londoner Westminster-Abtei im Jahr darauf geblieben. Sie wurde vom Rundfunk und dem neuen Medium Fernsehen in alle Welt übertragen und ließ über Großbritannien hinaus das Bild einer tief in der Geschichte verwurzelten britischen Monarchie entstehen, das bis heute nachwirkt. Dabei faszinieren die oft rätselhaften Rituale des Königshauses die Menschen selbst noch im 21. Jahrhundert.

Nach den Zerstörungen und Entbehrungen des Zweiten Weltkrieges und den unmittelbaren Nachkriegsjahren erschien den Briten die Krönung der jungen Königin am 2. Juni 1953 wie der Beginn eines neuen Elisabethanischen Zeitalters, einer neuen Epoche des Optimismus, des Wohlstands und der nationalen Größe. Churchills blumige Rhetorik trug zum Hochgefühl dieser Tage ganz wesentlich bei. «Eine schöne und jugendliche Erscheinung, Prinzessin, Gattin und Mutter ist die Erbin aller unserer Traditionen und Ruhmestaten», hatte er anlässlich des Thronwechsels im Unterhaus erklärt. «Sie besteigt den Thron in einer Zeit, in der sich die gequälte Menschheit unsicher zwischen Weltkatastrophe und einem Goldenen Zeitalter gestellt sieht …Wenn die Völker sich gegenseitig in Frieden leben lassen, dürfen wir unermesslichen und ungeahnten Wohlstand erwarten und die stetige Zunahme von Kultur und Freizeit für die Menschen überall.» Der Termin für die anstehenden Krönungsfeierlichkeiten war von der dafür zuständigen Kommission so gewählt worden, dass die sich über mehrere Tage erstreckenden Pferderennen in Epsom und Ascot, die sportlichen Höhepunkte der Turfsaison, deswegen nicht verschoben werden mussten.

Der Thronwechsel und dann die Krönung vor den Augen eines Millionenpublikums wurden in Großbritannien als historische Zäsur empfunden, zumal am Vorabend des Ereignisses in der Westminster-Abtei eine neuseeländisch-nepalesische Expedition den Mount Everest, den höchsten Berg der Welt, bezwungen hatte. «Vorwärts zum Ruhm» titelte die größte Londoner Abendzeitung am regnerischen Krönungstag und beschwor die Einheit des Reiches. Gewiss, die Erwartungen, die sich an die Person der jungen Königin richteten, waren damals weit überzogen; sie konnten sich nicht erfüllen. Den politischen und wirtschaftlichen Abstieg Großbritanniens zu einer Macht zweiten Ranges in den sechziger und siebziger Jahren des 20. Jahrhunderts und die dazu parallel verlaufende, fast überstürzte Auflösung des einst weltumspannenden Empire konnte sie nicht aufhalten.

Aber im Rückblick auf die mehr als fünf Jahrzehnte, die seit der Krönung Königin Elisabeths II. ins Land gezogen sind, wird man feststellen dürfen, dass die Monarchie im Vereinigten Königreich weiterhin die historischen Traditionen des Landes und die Souveränität des britischen Gemeinwesens verkörpert. Nach Jahrzehnten außerordentlicher politischer, wirtschaftlicher und sozialer Veränderungen symbolisieren die Krone und ihre Trägerin zu Beginn des 21. Jahrhunderts wie kaum ein anderes Element der britischen Verfassung nahezu unbestritten die Einheit und Identität der Nation. Gleichzeitig ist es gelungen, die Monarchie in vorsichtigen Schritten an die moderne Welt und die politischen Vorstellungen der Zeit anzunähern. Das ist ganz wesentlich ein Verdienst Elisabeths II., die bei ihrer Thronbesteigung versprochen hatte, ihre Pflicht so gewissenhaft wie der Vater zu erfüllen.

Als Elizabeth Alexandra Mary am 21. April 1926 als erstes Kind des Herzogspaars von York in London geboren wurde, stand Großbritannien vor einer der schwersten innenpolitischen Auseinandersetzungen seiner neueren Geschichte. Ein Generalstreik, angeführt von den noch Hunderttausende zählenden Bergarbeitern, lähmte im Mai 1926 tagelang das öffentliche Leben und unterwarf die parlamentarische Demokratie Großbritanniens einer beispiellosen Zerreißprobe. Doch die dramatischen politischen Ereignisse vermochten die Freude der Bevölkerung über die Geburt einer Prinzessin im Hause Windsor nicht zu trüben. Ende Mai 1926 wurde sie in der Privatkapelle des Buckingham-Palasts von Cosmo Lang, dem Erzbischof von Canterbury und engen Freund Georgs V., standesgemäß mit Wasser aus dem Jordan getauft. Im Zweiten Weltkrieg wurde die Kapelle durch eine deutsche Bombe zerstört.

Die Boulevardpresse und die in den zwanziger Jahren des 20. Jahrhunderts aufkommenden Illustrierten für ein Massenpublikum nährten das öffentliche Interesse am jüngsten Mitglied der Königlichen Familie, dessen Namensgeberinnen die Mutter, die Urgroßmutter (die im Jahr zuvor verstorbene Königin Alexandra) und die Großmutter waren. Reich bebilderte Berichte über das «bekannteste Baby der Welt» boten der Phantasie der Menschen zumindest für Augenblicke eine Fluchtmöglichkeit aus dem Alltag und seinen Problemen. Realität, Fiktion und idealisierende Klischees ergaben dabei schon früh eine Mischung, die die seitdem nicht mehr abreißende Berichterstattung über die Prinzessin und spätere Königin als private und öffentliche Person mit einem märchenhaften Firnis überzog.

I. Jugend im Krieg

Das öffentliche Interesse an der Tochter des zurückgezogen lebenden Herzogspaars erklärte sich natürlich aus dessen herausgehobener sozialer Stellung. Als zweitältester Sohn König Georgs V. stand der Herzog von York bei Elisabeths Geburt in der Thronfolge direkt hinter seinem noch unverheirateten älteren Bruder Eduard, dem Prinzen von Wales. Die Tochter des Herzogspaars rückte nach den Regeln der dynastischen Erbfolge an die dritte Stelle. Aber das bedeutete zum damaligen Zeitpunkt noch keineswegs, dass sie auch ernsthafte Aussichten auf den Thron hatte. Eine solche Möglichkeit war 1926 und in den folgenden Jahren zwar denkbar, jedoch bei realistischer Betrachtung nicht sehr wahrscheinlich. Es stand zu erwarten, dass der 32-jährige Prinz von Wales über kurz oder lang heiraten und Nachkommen haben würde. Auch war nicht ausgeschlossen, dass die jungen Yorks weitere Kinder bekommen würden – und jeder nachgeborene Sohn des Paares hätte die Tochter Elisabeth in der Erbfolge zurückgestuft.

Doch die Erwartungen erfüllten sich nicht. Was noch bei der Geburt Elisabeths lediglich eine interessante Spekulation war, sollte sich zehn Jahre später ziemlich überraschend zur Wahrscheinlichkeit verdichten. Durch den nicht vorhersehbaren Thronverzicht ihres Onkels König Eduard VIII. und die Thronbesteigung ihres Vaters hatten sich die Aussichten der Prinzessin, ihrem Vater dereinst auf den Thron nachzufolgen, außerordentlich verbessert.

Aber sicher war ihre Thronfolge noch nicht. Seit Dezember 1936 galt Elisabeth daher als die «voraussichtliche» Thronerbin («heir presumptive»), nicht aber als die «offensichtliche» («heir apparent»). Denn die Staats- und Verfassungsrechtler des Landes hielten es weiterhin grundsätzlich nicht für ausgeschlossen, dass das Königspaar noch einen Sohn bekommen würde. Diese Fiktion gaben die Juristen bis zur Thronbesteigung Elisabeths nicht auf. Bis dahin blieb ihr offizieller Titel «Prinzessin Elisabeth», seit ihrer Heirat am 20. November 1947 mit dem Zusatz «Herzogin von Edinburgh». Der von Teilen der Presse und einigen einflussreichen Politikern unterstützte Versuch, ihr an ihrem 18. Geburtstag am 21. April 1944 den Titel «Prinzessin von Wales» zu verleihen, scheiterte letztlich an den Bedenken des Vaters. Der König, der darin vom Premierminister Winston Churchill bestärkt wurde, vertrat die Auffassung, dass unter dem Titel «Prinzessin von Wales» traditionell die Gattin des Thronfolgers bekannt sei.

Die unerwartete Wende in der Lebensperspektive der jungen Prinzessin Elisabeth, die Ende 1936 aufgrund der Abdankung Eduards VIII. eintrat, wirft die Frage auf, ob und wie sie auf die Rolle als Thronfolgerin, wenn auch unter dem Vorbehalt der «heir presumptive», vorbereitet wurde. Dahinter verbirgt sich das alte und in jeder Generation wieder aktuell werdende Problem, ob es überhaupt so etwas wie eine allgemeinverbindliche Erziehung für Thronerben gibt oder geben kann. Die Maßstäbe bürgerlicher Bildungsziele und Erziehungsmethoden scheinen selbst noch im 21. Jahrhundert als Antwort auf die Frage kaum geeignet zu sein. Einen Anhaltspunkt bot im Hause Windsor die Tradition, dem Thronerben eine mehr oder weniger intensive militärische Ausbildung angedeihen zu lassen. Bei einer Thronerbin wurde sie mit guten und einsichtigen Argumenten ausgeschlossen.

Walter Bagehot hat mit nicht zu überhörender Ironie und mit Blick auf die britische Geschichte die Ansicht vertreten, der Souverän in einer konstitutionellen Monarchie müsse ein durchschnittlich begabter Mensch sein, ja sogar ein Mensch mit begrenzten intellektuellen Fähigkeiten und einer durchaus oberflächlichen Erziehung. Eine Königliche Familie, so zeige es die historische Erfahrung, weise im Allgemeinen sowieso weniger herausragende Begabungen auf als andere Familien. Diskretion und Inaktivität, die Quellen königlicher Weisheit, wiegen bei einem Monarchen, so Bagehot, mühelos alle intellektuelle Brillanz auf, die eine bürgerliche Erziehung gelegentlich vermitteln könne.

Eine konventionelle, an bürgerlichen Maßstäben orientierte Erziehung hat die junge Prinzessin dann auch in der Tat nicht genossen. Eine öffentliche oder private Schule hat sie nie besucht. Ihre Erziehung wurzelte vielmehr im Geist des 19. Jahrhunderts und in einer noch im 20. Jahrhundert gültigen aristokratischen Lebenseinstellung, für die sich Erziehung, vor allem für Mädchen, im Wesentlichen auf das Erlernen einiger notwendiger gesellschaftlicher Fertigkeiten beschränkte. Die nachdrückliche Förderung von individuellen Talenten und geistigen Interessen gehörte nicht dazu.

Die Großmutter Königin Mary, die Gattin Georgs V., scheint im Kreise der Königlichen Familie die einzige gewesen zu sein, die gegen die übliche Praxis Einspruch erhob, die Erziehung Elisabeths und ihrer 1930 geborenen Schwester Margaret Rose allein den Gouvernanten und Hauslehrern zu überlassen. Sie schenkte den Kindern regelmäßig Bücher bekannter Autoren und begleitete sie zu «belehrenden Vergnügungen». Dazu gehörten Besuche in Museen, der Königlichen Münze und des Tower von London. Der Großvater Georg V., so überliefern es ausnahmslos die Biographen, hielt das für überflüssig und bestand nur auf der Einübung einer guten Handschrift. Doch das schien selbst den Erwachsenen im herzoglichen bzw. seit 1936 königlichen Haushalt zu wenig und nicht mehr zeitgemäß zu sein.

Von ihrem 13. Lebensjahr an erhielt Elisabeth deshalb jede Woche Geschichtsunterricht durch den Vizedirektor des nahe Schloss Windsor gelegenen Eton College, der privaten Eliteschule des Landes. Dabei ging es hauptsächlich um die Geschichte des Vereinigten Königreichs und seines Empire und natürlich auch um britische Verfassungsgeschichte. Später bezog der Unterricht zusätzlich die Geschichte Europas mit ein. Diesen Unterricht übernahm seit 1942 die Französischlehrerin Elisabeths, eine belgische Aristokratin, die ihr Heimatland 1940 kurz vor der deutschen Invasion verlassen hatte. Madame Antoinette de Bellaigue verdankt die Königin ihre exzellenten Französischkenntnisse, deren Grundlagen in ihrer Kindheit von einer Gouvernante gelegt worden waren. Deutsch stand offenbar nicht auf dem Lehrplan der Prinzessin, ungeachtet der auch in den 1930er Jahren fortbestehenden privaten Beziehungen des Hauses Windsor zu deutschen Fürstenhäusern. Sarah Bradford,

die Biographin der Königin, erwähnt allerdings einige Deutsch-
stunden, die bei Kriegsbeginn eingestellt wurden. Daneben ver-
zeichnen die Biographen noch die obligatorische Unterrichtung
der Prinzessin in Tanzen, Malen, Rechnen, Religion, Literatur
und Reiten. Der schon die früheste Kindheit begleitende Umgang mit Ponys und Pferden sollte bei Elisabeth eine lebenslan-
ge Passion für den Reit- und Pferderennsport wecken. Der eigene Rennstall gilt in der Öffentlichkeit wohl zu Recht als das
private Hobby der Königin.

Zur Welt jenseits der Palastmauern, dem so genannten «nor-
malen» Leben, hatte die junge Prinzessin kaum Kontakt. Im
Grunde durchlebten sie und ihre Schwester eine abgeschottete
Kindheit im Kreise der Familie. «Die lieben armen Kinder, bisher hatten sie erst wenig Spaß», notierte Georg VI. am 8. Mai
1945, dem Tag des Kriegsendes in Europa, in seinem Tagebuch.
Unter «Spaß» verstand er das gesellige Leben mit langen Wo-
chenenden auf den Landsitzen der Aristokratie und Tanzver-
gnügen in Londoner Clubs, wie er selbst es in den 1920er Jahren erlebt hatte. Sicherheitsgesichtspunkte und die allgemeinen
Restriktionen der Kriegsjahre spielten bei der Erziehung Elisabeths und ihrer Schwester Margaret zweifellos eine große Rolle.
Auf ihr (vermutlich einmaliges) Erlebnis einer Fahrt mit der
Londoner Untergrundbahn im Mai 1939, in Begleitung ihrer
Schwester, einer Hofdame und einer Gouvernante, versäumt
deshalb kein Biograph hinzuweisen. Auch ihre sechswöchige
Tätigkeit beim *Auxiliary Territorial Service*, eine Art Arbeits-
dienst während des Krieges, wird gern erwähnt als Beispiel für
die Konfrontation der behüteten Thronfolgerin mit der rauen
Arbeitswelt. Bei Lichte besehen sind solche Feststellungen bzw.
Beweise für die Vertrautheit der Prinzessin mit der Außenwelt
natürlich geradezu absurd.

Der Dienst begann für Elisabeth am 24. Februar 1945 in Al-
dershot, einer Garnisonsstadt unweit von Schloss Windsor. Sie beendete ihn mit dem Führerschein für Personen- und
leichte Lastwagen. Jahrzehnte später soll die Königin gesagt haben, diese kurze Zeit am Ende des Zweiten Weltkrieges sei für
sie die einzige Gelegenheit in ihrem Leben gewesen, bei der sie

ihre Fähigkeiten mit Gleichaltrigen messen konnte. Für ihre männlichen Familienangehörigen bot der Dienst bei der Marine oder der Armee dafür traditionellerweise mehr Spielraum.

Als Elisabeth 1952 den Thron bestieg, hatte sie eine Erziehung genossen, die ihren Intellekt nur höchst unzureichend herausgefordert haben dürfte. Der schon häufig genannte Walter Bagehot, dessen klassische Studie über die englische Verfassung zum Lesepensum der Prinzessin wie auch später ihres ältesten Sohnes Charles gehörte, hätte das nicht als ungewöhnlich empfunden und kritisiert. Auf den Thronfolger wartet eine Aufgabe, die sich wohl am ehesten in langjähriger Praxis erlernen lässt. Schon relativ früh achteten deshalb die Eltern der Prinzessin darauf, dass sie bei Besuchen wichtiger Gäste im Buckingham-Palast oder auf Schloss Windsor anwesend war. Elisabeth lernte so den Alltag des Monarchen, dessen Pflichten und Bürden, von früh an aus eigener Anschauung und unter Anleitung des Vaters kennen.

Im Alter von achtzehn Jahren wurde Elisabeth Staatsrat («Counsellor of State») und übernahm damit zum ersten Mal eine öffentliche Funktion, die allerdings nicht besonders verantwortungsvoll ist. «In mancher Hinsicht hatte ich keine Lehrzeit», bekannte die Königin viele Jahre später. «Mein Vater starb viel zu früh. Es geschah alles sehr plötzlich: Ich musste antreten und dann die Aufgabe so gut wie möglich erfüllen. Es ist eine Frage des Hineinwachsens in das, was man tun muss. Man muss es akzeptieren: hier steht man und kann seinem Schicksal nicht entgehen.»

Im Mai 1954 kehrte Elisabeth II. von einer sechsmonatigen Reise durch das Commonwealth nach London zurück. Sie sprach nach dieser Erfahrung von ihrem Bemühen, zu lernen und die Monarchie nach dem Vorbild des Vaters auch den Menschen in den Commonwealth-Ländern nahe zu bringen: «Ich begann die Reise mit der Absicht, mehr über die Völker und Länder zu erfahren und ihnen die persönliche Wirklichkeit der Monarchie erfahrbar zu machen. Die Struktur und der Rahmen der Monarchie können leicht als ein archaisches und bedeutungsloses Überbleibsel erscheinen. Wir haben jedoch sichtbare und hörbare Beweise erhalten, dass sie in den Herzen der Menschen lebendig ist.» Ein ausgeprägtes Pflichtbewusstsein, wie es schon der Vater und Großvater hatten, eine wache Intelligenz und scharfe Beobachtungsgabe kompensierten bei Elisabeth II. das, was ihr an formaler Bildung vielleicht vorenthalten worden war.

2. Familie und Amtspflichten

Eine eigene Familie hat Prinzessin Elisabeth früh gegründet. Dadurch öffneten sich für sie die Mauern des Palasts, zumindest um einen Spalt. Am 10. Juli 1947 gab der Palast ihre Verlobung mit dem Marineleutnant Prinz Philip von Griechenland bekannt, den sie bereits vor dem Kriege als dreizehnjähriges Mädchen getroffen hatte. Kurz vor der Heirat erhielt er die britische Staatsangehörigkeit und nahm dabei den anglisierten Familiennamen seiner Mutter Alice von Battenberg (1885–1969) an, den schon deren Bruder, sein Onkel Lord Louis Mountbatten of Burma, führte.

Namen können täuschen und in die Irre führen. Philip wurde zwar 1921 auf Korfu geboren, hatte aber keinen Tropfen griechischen Bluts in den Adern. Genealogisch entstammte er dem dänischen Königshaus Schleswig-Holstein-Sonderburg-Glücksburg, das im 19. Jahrhundert einen seiner Angehörigen auf den griechischen Thron exportiert hatte. Sein Vater Prinz Andreas (1882–1944) war ein Bruder des griechischen Königs Konstantin I. (1868–1923), seine Mutter eine Urenkelin Königin Viktorias. Nach den gängigen Vorstellungen der Zeit gehörte Philip zum europäischen Hochadel.

Seine Herkunft qualifizierte Philip Mountbatten zweifellos für eine eheliche Verbindung mit der britischen Thronfolgerin. Trotzdem wollte König Georg VI. nicht glauben, dass sich seine Tochter «in den ersten jungen Mann verliebte, den sie traf». Dass Philips Onkel die sich anbahnende Verbindung im Hintergrund nach Kräften förderte, blieb ihm nicht verborgen. Darüber hatte er sich im Familienkreis mokiert. Auf dem Landsitz Lord Mountbattens in der Grafschaft Hampshire verbrachte das junge Paar dann auch einen Teil seiner Flitterwochen.

Letztlich begrüßte Georg VI. die Wahl seiner ältesten Tochter. Das fiel ihm umso leichter, als der künftige Schwiegersohn, der seine Schulzeit in Deutschland und Großbritannien verbracht hatte, seiner Familie seit längerem bekannt und mit ihr sogar weitläufig verwandt war. Am Vorabend der Hochzeit erhob der König den 26-jährigen, praktisch mittellosen Leutnant Philip Mountbatten zum Herzog von Edinburgh und machte ihn zur «Königlichen Hoheit». Dessen Karriere bei der Royal Navy war damit praktisch beendet. Das konservative Establishment des Landes nahm die Wahl der Thronerbin mit gemischten Gefühlen zur Kenntnis. Seine Herkunft und die Beziehungen Philips zu seinen Verwandten in Deutschland, wo seine drei verheirateten Schwestern lebten, stießen auf Kritik. Auch wurde befürchtet, dass der Marineleutnant die Routine des Lebens im Buckingham-Palast aufbrechen würde. Aber ganz so schlimm wurde es nicht. Wenn man einmal von seiner Ernennung zum Staatsrat («Privy Counsellor») absieht, war eine offizielle Funktion für ihn nicht vorgesehen. Gewissermaßen als Kompensation für die ihm auferlegte Untätigkeit übernahm er in den folgenden Jahren und Jahrzehnten eine lange Reihe von Ehrenämtern.

Ein Jahr nach der Hochzeit konnten sich die Edinburghs über die Geburt ihres ersten Kindes freuen. Als die Eltern den Namen des Jungen bekannt gaben, überwogen bei Hofe und in der Bevölkerung Verwunderung, mancherorts sogar Befremden. An historische Vorbilder wurde erinnert. König Karl I. (1625–1649) aus dem Hause Stuart hatte Thron und Kopf verloren; sein Sohn Karl II. (1649/60–1685) konnte den Thron erst nach längerem Exil besteigen. Die Hannoveraner, Coburger und Windsors bevorzugten die Namen Georg, Albert und Eduard. Und nun auf einmal Charles? Von der Abfolge immer wiederkehrender Namen wollten die Eltern des Neugeborenen bewusst abweichen, heißt es. Sie hätten den Namen Charles für ihren Sohn gewählt, weil er ihnen gefiel. Die Historiker müssen das als Erklärung akzeptieren.

3. Hat die Königin Macht?

In ihre Rolle als Königin eines europäischen Staates und Oberhaupt einer weltweiten Staatengemeinschaft, dem Commonwealth, ist Elisabeth II. nach ihrer Thronbesteigung dann sehr schnell hineingewachsen. Jugend, Anmut und Zurückhaltung halfen ihr, die Menschen für sich zu gewinnen. Aus dem «bekanntesten Baby der Welt» wurde die bekannteste und meist fotografierte Frau der Welt. Über mehr Macht im engeren Sinne als ihre Vorgänger auf dem Thron verfügt sie dabei nicht. Diese Tatsache wird von dem Glanz und Glamour, die sich mit der Person der Königin und ihren öffentlichen Handlungen verbinden, verdeckt.

In Anlehnung an Walter Bagehot wird heute meist die Auffassung vertreten, dass die unbestreitbare Popularität der Krone in Großbritannien mit der politischen Machtlosigkeit der Institution Monarchie zusammenhängt, ja sogar eine ihrer Vorbedingungen ist. Seit dem späten 19. Jahrhundert sei die faktische staatsrechtliche und politische Bedeutung der Krone gering, auch wenn ihre Darstellung nach außen darüber hinwegtäuscht. Der letzte Monarch, der sich gegen den politischen Machtverlust der Institution auflehnte, sei die resolute Königin Viktoria gewesen. Das führte in ihrer Regierungszeit unausweichlich zu Konflikten mit den Premierministern und dem Parlament. Allen Nachfolgern Viktorias auf dem Thron sei es dann verwehrt gewesen, sich in den politischen Entscheidungsprozess mit eigenen Vorstellungen einzubringen. Die Anregung des Journalisten Jeremy Paxman, die Königin und ihre Nachfolger auf dem Thron sollten sich folglich auf ihre Aktivitäten im «happiness business» konzentrieren, also die Menschen durch königliche Besuche und Zeremonien glücklich machen, ist vermutlich ironisch gemeint. Aber er spricht damit einen Aspekt an, der im 20. Jahrhundert ein zentrales Element königlichen Handelns in der Öffentlichkeit geworden ist.

Angesichts der klaren verfassungsrechtlichen Lage und der seit langem geübten Praxis ist die Frage nach der tatsächlichen Macht Königin Elisabeths II. eindeutig zu beantworten: Sie ver fügt über keine politische Macht. Die Macht ist beim demokratisch gewählten Parlament des Vereinigten Königreichs und in der aus ihm hervorgehenden Regierung konzentriert. Heißt das, dass die Krone nur noch Ornament ist, die glänzende «Fassade», hinter der harte Politik gemacht wird? Ja, so ist es. Doch es wäre sicher falsch, in der Königin nur ein willenloses Werkzeug zum Vollzug von Staatsakten sehen zu wollen, sozusagen eine Staatsschauspielerin im Hermelin.

Der erste Labourpremier nach dem Zweiten Weltkrieg, Clement Attlee, hat die Stellung der Krone in Großbritannien in einer seither gern zitierten Formel zusammengefasst: «Der Monarch ist eine Art Schiedsrichter, obwohl die Gelegenheiten, bei denen er oder sie pfeift, heute nur noch selten sind.»

Das Bild von der Monarchie als Schiedsrichter wird ihrer Funktion im politischen System Großbritanniens nicht ganz gerecht. Aber es verweist darauf, dass die Monarchin bei bestimmten, wenngleich wenigen Gelegenheiten einen eng begrenzten politischen Handlungsspielraum hat. Anders formuliert: Ihr «Rat» gewinnt dann ein besonderes Gewicht, wenn die handelnden Politiker mehr oder weniger ratlos sind. Dafür gibt es Beispiele.

Zweimal erlebte die Königin den Rücktritt eines Premierministers, ohne dass in der regierenden Partei feststand, wer dessen Nachfolge antreten sollte. Das war 1957 beim Rücktritt des glücklosen Anthony Eden (1897–1977) der Fall und noch einmal im Jahre 1963 beim Rücktritt Harold Macmillans (1894–1986). Bevor die Königin sich 1963 für den schottischen Adeligen Sir Alec Douglas-Home (1903–1995) als Nachfolger des Premiers entschied, hatte sie allerdings einige erfahrene Politiker seiner Partei konsultiert, die nicht mehr im politischen Tagesgeschäft standen. Doch auch in Ausnahmefällen wie den beiden hier angeführten ist der monarchische Handlungsspielraum seither weiter eingeengt worden. Seit 1963 nimmt auch die Konservative Partei Großbritanniens, dem Beispiel der Labour-Partei folgend, für sich allein das Recht in Anspruch, beim Ausscheiden eines ihr angehörenden Premierministers aus dem Amt zunächst dessen Nachfolger zu bestimmen und ihn dann erst als

Abb. 7: Die Königin fährt zu ihrer ersten
Parlamentseröffnung, 4. November 1952.

Kandidaten für das frei gewordene Amt der Königin vorzu-
schlagen, die ihn formal ernennt.

Es ist vermutlich wenig sinnvoll, die oft fließenden Grenzen
zwischen formaler und tatsächlicher «Macht» der britischen
Königin zu Beginn des 21. Jahrhunderts schärfer ziehen zu wollen. Viel entscheidender ist, dass ihr vielfältige Möglichkeiten
offenstehen, ihren Einfluss und ihre Vorstellungen informell, in-
direkt und diskret zur Geltung zu bringen. Selbst ein Premierminister, der in seiner Partei und im Parlament unumstritten ist,
wird das, was ihm das Staatsoberhaupt sagt oder vorschlägt,
nicht einfach ignorieren können. Es hängt dabei weitgehend
von der Persönlichkeit des Monarchen ab, von seiner politischen Intelligenz und seinen politischen Erfahrungen, inwieweit
sein Wort im Kontakt mit den Politikern Gewicht hat. So hat
Elisabeth II. sicherlich keine Macht in dem Sinne, dass sie politische Entscheidungen erzwingen kann. Aber jedermann weiß,
dass sie über politischen Einfluss verfügt, der es ihr erlaubt, Impulse zu geben und Akzente zu setzen.

Zweierlei kommt der Königin als Gesprächspartnerin der jeweils amtierenden Regierung bzw. des Premierministers dabei zustatten. Sie verkörpert Kontinuität jenseits der Tagespolitik mit ihren wechselnden Unterhausmehrheiten, Kabinetten und Ministern. Die Königin verfolge keine eigennützigen politischen Ziele, heißt es in einer Darstellung des britischen Regierungssystems, denn «sie hat keine politische Vergangenheit und keine politische Zukunft» (I. Jennings/G. A. Ritter). Die Stärke der konstitutionellen Monarchie, bemerkte einmal ein britischer Journalist, liege nicht in der Macht, über die sie verfüge, sondern in der Macht, die sie anderen vorenthalte.

Ein zweites kommt hinzu. Die Königin wird aufgrund einer seit langem eingespielten verfassungsrechtlichen Praxis von der Regierung umfassend über die Tagespolitik informiert. Sie erhält Einblick in die Kabinettsprotokolle und alle wichtigen diplomatischen Schriftstücke, sie empfängt hohe Beamte und ausländische Politiker. Mit dem Premierminister trifft sie in wöchentlicher Audienz zusammen, und durch ihre zahllosen Staatsbesuche kennt sie fast alle Länder und alle führenden Staatsmänner der Welt. «Wenn auch der Monarch [sich] nach der Verfassung mit seiner Meinung zurückhalten muss», erinnerte sich der ehemalige Außen- und Premierminister Anthony Eden, «so liest er doch alle wichtigen Telegramme des Foreign Office und anderer Ämter und ist als Unparteiischer über alle Vorgänge im Bilde. Es kann mitunter tröstlich sein, wenn jemand, der dieselben Dokumente gelesen hat, unabhängig zu den gleichen Schlussfolgerungen gelangt.»

Kein Monarch ist überdies so viel gereist wie Elisabeth II. Als Thronfolgerin besuchte sie Anfang 1947 in Begleitung der Eltern Südafrika. Das war ihre erste Auslandsreise. Seit ihrer Thronbesteigung hat sie praktisch alle Länder des Commonwealth besucht. Allein in Kanada hielt sie sich einundzwanzig Mal auf, in Australien fünfzehn Mal, in Neuseeland zehn Mal, oft mehrere Wochen lang. In Deutschland war sie vier Mal zu Staatsbesuchen (1965, 1978, 1992 und 2004). Außerdem besuchte sie zwei Mal Berlin: im Mai 1987 anlässlich der 750-Jahrfeier der Stadt und im Juli 2000 zur Eröffnung der neuen britischen Botschaft nahe dem Brandenburger Tor.

Kurzum: Es ist keine Übertreibung, wenn die Königin häufig als die welterfahrenste und bestinformierte Persönlichkeit im Vereinigten Königreich bezeichnet wird. Ihr unvergleichlicher Informationsstand über die nationale und internationale Politik, das persönliche Prestige der Monarchin in der Öffentlichkeit, ihre Stellung als respektiertes Oberhaupt des Commonwealth, ihre parteipolitische Neutralität – alles dies gibt dem Rat der Königin, ihren Ermutigungen und Warnungen bei ihren Kontakten mit der Regierung ein schwer messbares, aber zweifelsohne nachhaltiges Gewicht.

4. Oberhaupt des Commonwealth

Wie zuvor schon ihr Vater misst Königin Elisabeth II. ihrer Rolle im Commonwealth große Bedeutung bei. Selten erlebe man die Königin so entspannt, wird berichtet, wie bei den Treffen mit den Regierungschefs aus den Ländern des untergegangenen Kolonialreichs. Im Zeitalter des Flugzeugs und Kontinente verbindender Kommunikationsmittel öffnete sich hier für die nationale Monarchie eine internationale Dimension, für die es in der Geschichte kein Vorbild gibt. Elisabeth II. bzw. die Ratgeber des Königshauses haben die unvergleichliche Chance, einem Empire ganz neuer Qualität zu präsidieren, früh erkannt. Schon an ihrem 21. Geburtstag stellte die damalige Prinzessin in einer Rundfunkansprache, die aus Südafrika gesendet wurde, ihr Leben, «sei es lang oder kurz», in den Dienst des Commonwealth und seiner Völker. Sie hat zwar durch die Auflösung Britisch-Indiens in eben diesem Jahr 1947 den indischen Kaisertitel nicht mehr tragen können, aber dafür wurde bei der Thronbesteigung ihrem Titel «Oberhaupt des Commonwealth» hinzugefügt. Eine Konferenz der Commonwealth-Staaten hatte das 1949 beschlossen.

Kritiker vertreten die Auffassung, der neu erworbene Titel des britischen Monarchen sei staats- und völkerrechtlich genauso bedeutungslos wie das internationale Gewicht der Staatengemeinschaft, für die allein die britische Krone das einigende Band darstellt. Ein Faktor der Weltpolitik sei die Gemeinschaft nicht.

Den Zerfall des Commonwealth würde in Großbritannien nur die Königin betrauern, sagt man; die britische Bevölkerung würde ihn in ihrer großen Mehrheit gleichgültig hinnehmen. Zeigt sich ein Premierminister am Commonwealth wenig interessiert wie Edward Heath Anfang der 1970er Jahre oder Margaret Thatcher in den 1980er Jahren, nimmt das die Königin angeblich missbilligend zur Kenntnis. Wenige Tage vor dem Beitritt Großbritanniens zur Europäischen Gemeinschaft am 1. Januar 1973 erklärte sie in ihrer Weihnachtsansprache: «Die neuen Verbindungen mit Europa werden die mit dem Commonwealth nicht ersetzen.» Das sagte sie ohne vorherige Absprache mit Premierminister Heath, dem im Unterschied zu ihr der europäische Kontinent näher stand als Neuseeland oder Kanada.

Im Statut von Westminster, das 1931 beschlossen wurde und eine Art Grundgesetz für das Commonwealth bildet, heißt es, die Krone sei «das Symbol der freien Vereinigung der Mitglieder des Britischen Commonwealth», die alle «durch gemeinsame Treuepflicht gegenüber der Krone» verbunden sind. Was die mittlerweile 53 Staaten des Commonwealth darüber hinaus eint, ist wahrscheinlich allein die Vergangenheit – ihre gemeinsame Erfahrung britischer Kolonialherrschaft. Aber auch die koloniale Herrschaft war für die heute souveränen Mitgliedsstaaten des Commonwealth unterschiedlich lang und intensiv. Im Falle Jamaikas dauerte sie drei Jahrhunderte, im Falle Kenias gerade einmal siebzig Jahre.

Für manche Staaten des Commonwealth wie Kanada, Australien, das winzige Fiji im Pazifik oder die Insel Barbados in der Karibik ist Königin Elisabeth II. weiterhin Staatsoberhaupt und wird dort durch einen Generalgouverneur repräsentiert. Andere Mitgliedsstaaten des Commonwealth wie Indien, Pakistan oder Sambia sind Republiken und erkennen die britische Monarchin nur als Oberhaupt der lockeren Staatengemeinschaft an, die im 20. Jahrhundert aus dem Empire hervorgegangen ist. Es ist zu vermuten, dass für Australien und andere Mitglieder des Commonwealth die Königin das letzte monarchische Staatsoberhaupt sein wird. Die sentimentale, in einigen Fällen auch pragmatische Bindung an das Mutterland soll unter ihrem

Nachfolger auf dem britischen Thron zugunsten der republikanischen Staatsform gekappt werden.

Das Commonwealth besitzt wie das Vereinigte Königreich keine geschriebene Verfassung. Aber in einer Reihe von Erklärungen haben die Mitgliedsstaaten allgemeine Prinzipien und Ziele benannt, denen sie sich alle verpflichtet fühlen. Dazu gehören die Förderung der Demokratie, der Schutz der individuellen Freiheiten und der Menschenrechte, das Eintreten für Frieden und internationale Sicherheit, der Kampf gegen Armut, Unwissenheit, endemische Krankheiten und alle Formen rassistischer Diskriminierung. Doch zwischen der emphatischen Deklamation solcher Prinzipien und ihrer Durchsetzung in der politischen Wirklichkeit tut sich in manchen Staaten eine tiefe Kluft auf. Parlamentarische Demokratien, die die Menschenrechte garantieren und sich Pressefreiheit leisten können, sind im Commonwealth unübersehbar in der Minderheit. Das Wohlstandsgefälle zwischen den Mitgliedsstaaten ist gewaltig. Seit 1965 unterhält das Commonwealth in London ein Sekretariat mit einem hauptamtlichen Generalsekretär an der Spitze. Dadurch sollen Absprachen und die Zusammenarbeit zwischen den Mitgliedsstaaten erleichtert werden. Die Erfolge des Sekretariats bei der Durchführung seiner Aufgaben sind in all den Jahren seit seiner Gründung allerdings bescheiden geblieben.

5. Einfluss statt Macht

Der Königin indes haben die jahrzehntelange Verbindung mit den Staaten des Commonwealth und ihre Kontakte mit Politikern in Großbritannien und der Welt einen ungeheuren Erfahrungsschatz eingebracht. Seit 1952 hat sie elf Premierminister erlebt, von Winston Churchill über Edward Heath und Margaret Thatcher bis Gordon Brown. So verwundert es nicht, dass sich schon ihr dritter Premier, Harold Macmillan (1957–1963), vom politischen Sachverstand der jungen Königin beeindruckt zeigte. Der mehrfache Premierminister Harold Wilson (1964–1970, 1974–1976) erklärte einmal: «Ich werde meinem Nachfolger im Amt gewiss raten, seine Hausaufgaben stets sorgfältig zu erledigen, bevor er die Königin zur Audienz aufsucht ... Täte er es nicht, wird er sich vor der Königin wie ein unvorbereiteter Schuljunge fühlen.»

Margaret Thatcher, deren Verhältnis als Premierministerin (1979–1990) zur Königin oft als gespannt bezeichnet wurde, schreibt in ihren Erinnerungen: «Alle Audienzen bei der Königin finden auf der Basis strikter Vertraulichkeit statt ... Es sei mir gestattet, nur zwei Anmerkungen zu diesen Begegnungen zu machen. Wer glaubt, sie seien eine reine Formalität oder beschränkten sich auf den Austausch von Höflichkeiten, unterliegt einem Irrtum. Vielmehr verlaufen sie betont sachlich und geschäftsmäßig, und Ihre Majestät weiß sie mit einem außergewöhnlichen Verständnis der Gegenwartsprobleme und mit einem großen Schatz von Erfahrungen zu bereichern. Und obwohl die Presse nicht der Versuchung widerstehen konnte, besonders in Fragen des Commonwealth ab und zu Meinungsverschiedenheiten zwischen Palast und Downing Street zu unterstellen, empfand ich die Haltung der Königin gegenüber der Regierung immer als völlig korrekt und von Anteilnahme geprägt.» «Strikte Vertraulichkeit» ist das Schlüsselwort. Dränge der Tatbestand einer massiven, ja selbst einer vorsichtigen Einflussnahme der Königin in irgendeiner Frage oder Angelegenheit an die Öffentlichkeit, wären eine Verfassungskrise und Debatte über die Monarchie als Staatsform die unvermeidliche Folge.

Bei der Frage nach dem politischen Einfluss der Königin im heutigen Großbritannien sollte nicht übersehen werden, dass sie auch die Spitze der sozialen Pyramide im Vereinigten Königreich besetzt. Sie ist die «Quelle aller Ehren» («fount of honour»). Die wenigen Kritiker, die die Monarchie als Institution in Großbritannien in Frage stellen, setzen häufig hier an, indem sie auf den aus ihrer Sicht grotesken Gegensatz zwischen der Fiktion einer altertümlichen Adels- und der Realität einer modernen Industriegesellschaft verweisen. Durch das Festhalten an längst überholten sozialen Wertvorstellungen und das demonstrative Zelebrieren aristokratischer Lebensformen trage die Monarchie zur Zementierung der verkrusteten Klassengesellschaft in Großbritannien nachhaltig bei.

Abb. 8: Diana, Prinzessin von Wales (1961–1997).

Der Vorwurf ist nicht ganz unberechtigt. Gegen ihn wird jedoch ins Feld geführt, dass die Krone in ihrer herausgehobenen
Stellung als formale politische und soziale Spitze des Staates
selbst in der modernen Massengesellschaft von kaum zu über-
schätzender Bedeutung ist. Abgehoben von den Problemen des
täglichen Lebens und den Kontroversen der Parteien, so wird
argumentiert, sei die Krone ein verbindendes und zudem höchst
dekoratives Symbol der nationalen Einheit, des demokratischen
Sozialstaates, eines liberalen Gemeinwesens und der historischen Kontinuität des Landes inmitten einer krisengeschüttelten
und globalisierten Welt. Die Trägerin der Krone ist für die über-
wältigende Mehrheit der Briten auch noch im 21. Jahrhundert
der Bezugspunkt ihrer Loyalität. Das schließt Schwankungen in
der Stärke der Loyalität nicht aus.

Im Rückblick wird deutlich, dass selbst die offene Krise der Monarchie in den neunziger Jahren des 20. Jahrhunderts nur eine Episode war. Die in aller Öffentlichkeit diskutierten Eheprobleme des Thronfolgers Charles (geb. 1948), die Scheidungen seiner Schwester Anne (geb. 1950) und seines Bruders Andrew (geb. 1960), der verheerende Brand auf Schloss Windsor und die damals wieder aufflammende Debatte über die Kosten der Monarchie, die der britische Steuerzahler zu tragen habe, machten das Jahr 1992 für die Königin nach eigenem Bekunden zum «annus horribilis». Auch die verunglückten Versuche ihres jüngsten Sohnes Edward (geb. 1964), im Fernsehen und im Theater Fuß zu fassen, wirkten nach. Der Niedergang des Hauses Windsor schien damals unaufhaltsam zu sein.

Im Verhältnis zwischen der Königin und ihren «Untertanen» deuteten sich überdies tief greifende Veränderungen an. Schockierendes Verhalten, banale öffentliche Äußerungen und peinliche Auftritte von jüngeren Mitgliedern der weit verzweigten Königlichen Familie stießen zunehmend auf Unverständnis, Spott und Kritik. Die britische Öffentlichkeit erwartet von der ersten Familie des Landes auch heute noch ein vorbildliches Verhalten, sah sich jedoch in der Vergangenheit durch die Vorgänge im Umfeld des Königshauses in ihren Erwartungen häufig enttäuscht. Der Königin wurde empfohlen, öffentliche Repräsentationspflichten auf wenige erfahrene Personen ihrer Familie zu beschränken.

Als dann Ende August 1997 Prinzessin Diana, die geschiedene Frau des Prinzen von Wales, in einem Pariser Straßentunnel tödlich verunglückte, stieß die Reaktion der Königin in der britischen Öffentlichkeit auf Missfallensäußerungen und harsche Kritik. Ihr wurde Gefühlskälte und mangelnde Volksnähe vorgeworfen. Die Medien machten sich zu Sprachrohren der aufgewühlten Bevölkerung. Das ganze Land befand sich in den Tagen nach dem tragischen Unfall in einem geradezu traumatisierten Zustand. Trauer schlug in Empörung und Zorn um. Die Institution der Monarchie schien zu wanken. Erst auf Drängen des damaligen Premierministers Tony Blair (geb. 1953) fand sich Elisabeth II. zu symbolischen Gesten bereit, die ihrem Mitgefühl

Abb. 9: Die Sommerresidenz Schloss Balmoral in Schottland,
erworben von Königin Viktoria im Jahre 1852.

und ihrer Trauer über den Tod der populären «Prinzessin des
Volkes» (Tony Blair) Ausdruck verleihen sollten.

Die Königin kehrte in der kritischen Situation des Septembers
1997 von ihrem schottischen Landsitz Balmoral nach London
zurück und ließ die königliche Standarte auf dem Buckingham-
Palast auf Halbmast setzen. Eine Fernsehansprache an die Bevölkerung, in der sie den Tod Prinzessin Dianas beklagte, und
ihre Verneigung vor dem Sarg der Verstorbenen glätteten die
Wogen offen bekundeter Entrüstung über das Verhalten der
Monarchin.

Auf öffentliche Kritik an ihrer Person oder an der Institution
der Monarchie, die immer wieder über die Medien vorgetragen
wird, hat Elisabeth II. nie geantwortet bzw. antworten lassen.
Das war schon so in den 1950er Jahren, als ihr Heuchelei und
ein Festhalten an überholten Vorstellungen vorgeworfen wurde,
weil sie die Heirat ihrer Schwester Margaret mit einem Mann
bürgerlicher Herkunft verhindern wollte. Damals stand die
Prinzessin in der Thronfolge hinter den beiden Kindern der Königin noch an dritter Stelle. Als der Dramatiker John Osborne
im Oktober 1957 die Monarchie als eine Goldfüllung in einem

Mund voller kariöser Zähne bezeichnete, hörte man aus dem Buckingham-Palast kein Wort der Entrüstung über so viel Respektlosigkeit. Ein junger Aristokrat, Lord Altrincham, ging zur gleichen Zeit sogar noch weiter, indem er die Monarchin selbst attackierte. In mehreren Zeitungsartikeln beklagte er, dass die Königin nicht in der Lage sei, ein paar zusammenhängende Sätze ohne Manuskript zu sprechen. Elisabeth II. nehme ihre Aufgaben in einer Weise wahr, die nicht erkennen lasse, dass es einen Weltkrieg und die damit verbundenen politischen und sozialen Veränderungen gegeben habe. Die britische Monarchie sei verstaubt und langweilig; der Hofstaat bestehe aus Personen, deren Denken und Handeln in einer längst vergangenen Epoche wurzelten. Der Palast schwieg.

Der Versuch, die Macht der Medien für ihre Interessen und Zwecke zu nutzen, erwies sich für die Monarchie in Großbritannien als zweischneidiges Schwert. Allzu leicht können sie und ihre Repräsentanten eben auch zur Zielscheibe und zum Opfer werden. Während das Königshaus bemüht ist, selbst noch in der nüchternen Welt des 21. Jahrhunderts die Aura des Mysteriösen zu bewahren, leben die modernen Medien gerade von der Enthüllung des Verborgenen und der Entzauberung des Mysteriösen. Interessenkonflikte zwischen Monarchie und Medien sind mithin unvermeidlich.

Ausblick: Das Haus Windsor
im 21. Jahrhundert

Im Jahre 2002 feierte Königin Elisabeth II. ihr goldenes Thronjubiläum, vier Jahre später ihren 80. Geburtstag, 2007 ihre diamantene Hochzeit. Kein Monarch aus dem Hause Windsor hat länger als sie den Thron innegehabt. In den mehr als fünfzig Jahren ihrer Regierungszeit haben Großbritannien und die Welt weitreichende Veränderungen erlebt – in der Politik, in der Wirtschaft, in der Gesellschaft. Elisabeth II. hat ebenso wie ihre Vorgänger auf dem Thron aus dem Hause Windsor darauf mehr oder weniger vorsichtig und meistens verspätet reagiert. Sie alle mussten dabei dem Vorwurf begegnen, dass die Monarchie in ihrer heutigen Gestalt und in ihrer öffentlichen Darstellung das Land allzu sehr an die Vergangenheit kette. Zur Anpassung an die Gegenwart sei sie erst bereit, wenn der öffentliche Druck nicht mehr zu ignorieren sei.

Der Vorwurf der illegitimen Machtanmaßung, der noch im 19. Jahrhundert gegen die Monarchen aus den Häusern Hannover und Sachsen-Coburg und Gotha erhoben wurde, ist seit dem Tod Königin Viktorias verstummt. Ihre Nachfolger aus dem Hause Windsor hielten sich an die Regeln der britischen Verfassungspraxis. Die Monarchie besitzt in einem modernen westlichen Staat wie Großbritannien, so scheint die historische Erfahrung zu lehren, nur dann eine Überlebenschance, wenn sich ihre Vertreter strikt auf ihre rein repräsentativen Funktionen zurückziehen, den Nachdruck auf ihre soziale Verantwortung für die Schwachen und Benachteiligten in der Gesellschaft legen und jede politische Stellungnahme in der Öffentlichkeit peinlichst vermeiden. Die Monarchen aus dem Hause Windsor haben auch zur Kenntnis genommen, dass die Monarchie ihren «Stil» der Zeit anpassen muss, selbst wenn die Möglichkeiten dazu begrenzt sind.

Die britische Monarchie unter den Windsors hat sich schon früh dafür entschieden, die neuen Medien des 20. Jahrhunderts für ihre Interessen zu nutzen. Auf die Möglichkeiten des Rundfunks setzte bereits König Georg V. Nach seiner Abdankung wandte sich König Eduard VIII. über die BBC direkt an die Bevölkerung, um ihr die Gründe für seine dramatische Entscheidung zu erklären. Die Krönung Elisabeths II. war ein weltweites Medienereignis. Im Jahre 1969 gestattete die Königin erstmals Einblicke in ihr Privatleben. Der Fernsehfilm «Royal Family» stellte ihre Familie und sie selbst als (fast) normale Mitbürger vor, die allenfalls durch die Zahl und Größe ihrer Wohnsitze, ihre Vorliebe für eine seltene Hunderasse und die Leidenschaft für Pferde und den Rennsport auffallen. Anfang der neunziger Jahre des letzten Jahrhunderts folgten die Produktionen «Elizabeth R», «The Windsors» und «Charles: The Private Man, the Public Role», im Jahre 2007 schließlich «Monarchy» (im deutschen Fernsehen: «Ein Jahr mit der Queen. Wie das Königshaus arbeitet»).

Das Interesse des britischen Publikums an diesen Filmen war und ist enorm. Die Meinung darüber, ob sie der Institution Monarchie und ihrem öffentlichen Image nützen, ist allerdings gespalten. Der Grat zwischen gewollter Nähe zur Bevölkerung und Abgleiten in die Trivialität königlichen Pomps ist schmal. Schon im 19. Jahrhundert hatte Walter Bagehot gewarnt: «Unser Königshaus soll Verehrung genießen. Wenn man aber damit beginnt, in ihm herumzuschnüffeln, kann man es nicht mehr verehren … Es lebt von seinem Mysterium. Wir dürfen nicht zulassen, dass der Zauber vom Tageslicht zerstört wird.» Die Fernsehkameras brachten Tageslicht und stimulierten zugleich das Verlangen des Publikums nach immer mehr und möglichst indiskreten Einblicken in das Privatleben der Königin und ihrer Familie. Mitglieder der Königlichen Familie ließen sich bereitwillig, manchmal mit großem Geschick, öfter naiv und untalentiert, auf das gefährliche Spiel mit den Medien ein. Seit den siebziger Jahren des 20. Jahrhunderts drohte das Thema «Die Windsors» zur TV-Seifenoper zu degenerieren.

Im Grunde ist das befürchtete Verblassen des Zaubers, der

die Königin umgibt, und die Entmystifizierung der Monarchie in Großbritannien nur die Umschreibung für eine Entwicklung, die von Elisabeth II. und ihren Beratern zum Teil bewusst gewollt ist. Man mag dies als Konzession an die Moderne und als «Demokratisierung» der Monarchie bezeichnen. Die Königin, ihre Familie und ihr Hof, die der Alltagssphäre noch bis in die sechziger Jahre des 20. Jahrhunderts auf merkwürdige Weise entrückt schienen, wurden Gegenstand eines öffentlichen Interesses, ja öffentlicher Neugierde. Die Distanz zwischen Monarchin und Bürgern verringerte sich.

Medienberichte über das Privatleben der Königin und ihrer Familie, vor allem die Geschichten der Regenbogenpresse in Europa und den Vereinigten Staaten, schrecken heute vor keinem Tabu mehr zurück. Die Kosten der Monarchie für den britischen Steuerzahler, ein sensibles Thema, und die finanziellen Verhältnisse der Königin wurden in den Medien so lange diskutiert, bis sich Elisabeth II. und der Thronfolger Charles schließlich bereit erklärten, wie jeder Bürger ihres Landes Einkommens- und Kapitalertragssteuern zu zahlen. Traditionelle Privilegien des Monarchen wie der Unterhalt einer königlichen Yacht mit öffentlichen Geldern wurden in Frage gestellt. Nach ihrem letzten offiziellen Auftritt bei der Übergabe der Kronkolonie Hongkong an die Volksrepublik China im Jahre 1997 wurde die über vierzig Jahre alte *Britannia* verschrottet; ein Neubau ist nicht in Sicht. Die Befähigung des Prinzen von Wales für das ihm einmal zufallende Amt wurde und wird ausgiebig erörtert, ebenso ein so triviales Problem, welchen Titel seine zweite Gattin Camilla Parker Bowles tragen soll.

Das Interesse des Prinzen von Wales an Architektur, Malerei, alternativer Medizin, ökologischer Landwirtschaft und den Problemen sozial benachteiligter Jugendlicher wird von vielen Journalisten und großen Teilen der Öffentlichkeit nicht ernst genommen. Er, der Privatschulen in Schottland und Australien und vor seiner militärischen Ausbildung bei der Marine die Universitäten Cambridge und Aberystwyth besucht hat, entlarve sich mit seinen Kommentaren zu sehr unterschiedlichen Themen und Problemen als exzentrischer Amateur, lautet der Vorwurf. Er richte damit mehr Schaden an als Nutzen. Zu ungewohnt ist es für die britische Öffentlichkeit, dass sich ein Thronfolger nicht nur für Rennpferde, Jagden und Reisen in ferne Mitgliedsstaaten des Commonwealth interessiert. Der Prinz war im Übrigen der erste Angehörige des Hauses Windsor, der an einer Universität nicht nur ein Gastspiel gegeben, sondern ein ganzes Studium in den Fächern Anthropologie und Archäologie absolviert hat.

Doch, und das ist noch einmal zu betonen, das Königshaus kam unter Elisabeth II. dem Zeitgeist zur «Demokratisierung» nicht nur durch die Einladung von Aufnahmeteams des Fernsehens, praktisch seit ihrer Krönung, bereitwillig entgegen. Auch Interviews von bedeutenden und weniger bedeutenden Mitgliedern der Königlichen Familie und «autorisierte» Biographien wurden seit dem ausgehenden 20. Jahrhundert häufiger, zur Freude des Publikums. Mehrere «Royals» haben Bürgerliche geheiratet; Scheidungen wurden akzeptabel. Teile des Buckingham-Palastes und die Königliche Gemäldesammlung wurden der Öffentlichkeit zugänglich gemacht. Ist die Königliche Familie letztlich eine ganz normale britische Familie, die nur durch einige ungewöhnliche Privilegien auffällt? Sicherlich nicht.

Königin Elisabeth II. wird wahrscheinlich einmal wie Elisabeth I. (1533–1603) oder Georg III. (1738–1820) und Viktoria (1819–1901) zu den britischen Monarchen gezählt werden, die in ihrer langen Regierungszeit die Institution der Monarchie in aufgeregten Zeiten stabilisierten und von einer Ära in eine neue überzuleiten hatten. Die Frage, ob dies bewusst und planvoll geschah oder lediglich auf dem Wege einer unvermeidlichen Anpassung an veränderte Zeitumstände, entzieht sich einer klaren Antwort.

Die britische Monarchie blieb in der Regierungszeit Königin Elisabeths II. von den gewaltigen Veränderungen in Wirtschaft, Gesellschaft und Politik ebenso wenig unberührt wie von dem sie begleitenden mentalen Wandel. Immer wieder geriet sie wegen ihres augenscheinlichen Anachronismus und ihrer vermeintlichen oder tatsächlichen Reformunfähigkeit in die Kritik. Ist die Institution Monarchie nicht das bizarr anmutende Relikt einer sehr fernen Vergangenheit? Die Antwort lautet auch hier: ja und nein. Im Prinzip unterscheidet sich die monarchische Staatsform von der Republik mit ihrem gewählten Präsidenten vor allem dadurch, dass die Funktion des Staatsoberhaupts innerhalb einer Familie vererbt wird; sie hängt also vom Zufall der Geburt ab. Das widerspricht fraglos allen demokratischen Grundsätzen und Gepflogenheiten.

Zur Demokratie gehört Meinungs- und Pressefreiheit. Kritik an der Monarchie und ihren Repräsentanten ist daher nichts Ungewöhnliches. Aber sie kann aufgebauscht werden und ein verzerrtes Bild von deren Stellung in der Gesellschaft entstehen lassen. Im Umgang mit der Welt der modernen Medien hatte das Haus Windsor dabei in der Vergangenheit nicht immer eine glückliche Hand. Es gab Zeiten, in denen das Image der Monarchie von der Boulevardpresse erheblich beschädigt wurde, häufig unter tatkräftiger Mithilfe der Windsors selbst. Dessen ungeachtet scheint die Loyalität der britischen Bevölkerung der Monarchin gegenüber zu Beginn des 21. Jahrhunderts ungebrochen zu sein. Meinungsumfragen sind dafür deutliche Indizien. Als die Königin und der Herzog von Edinburgh im November 2007 ihre diamantene Hochzeit feierten, überschlugen sich in der britischen Öffentlichkeit die Bekundungen der Verehrung und des Respekts. Sie galten den Personen, vielleicht auch der Institution.

Eine nennenswerte republikanische Bewegung, die sich auf einen scheinbaren Widerspruch zwischen parlamentarischer Demokratie und erblicher Monarchie beruft, gibt es in Großbritannien im neuen Millennium nicht. Vereinzelte Stimmen in der Presse, die für eine Abschaffung der «lächerlichen Institution» (*The Guardian,* April 2006) plädieren, können an diesem Befund nicht viel ändern. Was würden die Briten bei der Einführung der republikanischen Staatsform gewinnen? Monarchisten verweisen gern darauf, dass das Experiment einer Republik im England des 17. Jahrhunderts dermaßen gründlich gescheitert sei, dass die Erinnerung daran bis in die Gegenwart fortwirke. Der Journalist Jeremy Paxman kommt in seinem Buch *On Royalty* zu dem Schluss, dass die anachronistische und undemokratische Staatsform «Monarchie» tief sitzende Instinkte und Emotionen der Menschen befriedigt. Das sei im 20. Jahrhundert so gewesen und werde sich auch im 21. Jahrhundert nicht ändern. Daraus beziehe die Monarchie ihre Kraft und Legitimation.

Obwohl die Briten offenbar nur wenige Bedenken haben, ihr industrielles Tafelsilber wie Autofabriken, Energieversorger, Versicherungen und Kaufhäuser an ausländische Konzerne und Investoren zu verkaufen, ist nicht zu erwarten, dass eines Tages auch der Buckingham-Palast, Schloss Windsor und das Dienstleistungsunternehmen «Royal Family» von einem Hedge-Fonds übernommen werden. Spötter, die das angesichts einer kommerzialisierten Welt vorhersagen, wollen die britische Öffentlichkeit schockieren, indem sie einseitig den Unterhaltungswert der Monarchie betonen.

Wird die Monarchie als Staatsform Elisabeth II. überleben? Wird der Prinz von Wales irgendwann als König Karl III. den Thron besteigen? Oder wird sein ältester Sohn Prinz William (geb. 1982) dereinst die verehrte Großmutter beerben? Dass sie aus Altersgründen freiwillig zugunsten ihres Sohnes Charles oder ihres Enkels William abdankt, ist kaum zu erwarten. Was die Thronfolge anbelangt, so gibt es Pläne der Labour-Partei, eine längst fällige Neuregelung durchzusetzen. Auch erstgeborene Töchter sollen nach ihrem Willen künftig die Krone erben können und nicht länger auf ihre Rechte verzichten müssen, wenn ein Sohn geboren wird. Außerdem soll die Bestimmung der *Act of Settlement* außer Kraft gesetzt werden, nach der der britische Monarch und sein Ehepartner Protestanten sein müssen. Eine solche Änderung beträfe frühestens die Nachkommen Prinz Williams, der derzeit an zweiter Stelle in der Thronfolge steht. Die fünfzehn überseeischen Staaten des Commonwealth, die den britischen Monarchen als Staatsoberhaupt anerkennen, müssten Änderungen in der Thronfolgeregelung zustimmen. Weitgehend unklar ist derzeit auch noch, wie sich die Rolle der britischen Monarchie im Zuge der fortschreitenden europäischen Einigung verändern wird. Muss der britische Monarch irgendwann einmal mit dem Präsidenten der Europäischen Union, so denn ein solches Amt geschaffen wird, um die Loyalität der Bevölkerung konkurrieren?

Das sind Fragen, die in nicht allzu ferner Zukunft die britische Öffentlichkeit vermutlich stärker beschäftigen werden. Aber die Menschen, die in der Gegenwart leben, ziehen es vor, sich an der Vergangenheit zu orientieren. Der Blick zurück bestärkt sie in ihrer Loyalität zur Monarchin. «Seit 1952», schreibt der Oxforder Politologe Vernon Bogdanor, «hat die Königin die Nation repräsentiert. Man kann sich nur schwer vorstellen, welche andere Persönlichkeit das so erfolgreich hätte tun können, zumal in einer Zeit, in der Politiker und andere Personen des öffentlichen Lebens im Allgemeinen keine große Wertschätzung genießen.»

Mithin, so scheint es, hat das Ansehen der Monarchie die immer wieder auftretenden Turbulenzen um Mitglieder der Königlichen Familie sowohl im Vereinigten Königreich als auch im Commonwealth nahezu unbeschadet überstanden. Das ist den integren Persönlichkeiten aus dem Hause Windsor zuzuschreiben: König Georg V., König Georg VI. und Königin Elisabeth II. Von ihrem Prestige wird nicht nur das Haus Windsor, sondern auch die britische Monarchie im 21. Jahrhundert zehren. Aber eine Garantie für ihr Fortleben ist damit nicht gegeben.

Dank

Anregungen und Anteilnahme, Kritik und tatkräftige Hilfe begleiten jeden Versuch, über Vergangenes und Gegenwärtiges zu berichten. Das war auch bei dieser knappen Darstellung der Fall. Dafür danke ich sehr herzlich Renate Alter, Helmut Heuß, Stefan von der Lahr, Arnold und Pauline Paucker, David Peace und Marianne Wynn.

Köln, im November 2008   *Peter Alter*

Zeittafel

1894	23. Juni	Geburt des späteren Eduards VIII.
1895	14. Dez.	Geburt des späteren Georgs VI.
1900	04. Aug.	Geburt Lady Elizabeth Bowes-Lyon (später: Queen Elizabeth The Queen Mother)
1910	06. Mai	Tod Eduards VII., des ältesten Sohnes von Königin Viktoria
1911	22. Juni	Krönung Georgs V.
	13. Juli	Investitur Eduards, des ältesten Sohnes Georgs V., als Prinz von Wales
1914	04. Aug.	Britische Kriegserklärung an das Deutsche Reich
1918	11. Nov.	Ende des Ersten Weltkrieges
1919	28. Juni	Unterzeichnung des Vertrages von Versailles
1921	10. Juni	Geburt Philip Mountbattens, Prinz von Griechenland (später: Herzog von Edinburgh)
1923	26. April	Hochzeit des Herzogs von York (später: Georg VI.) mit Lady Elizabeth Bowes-Lyon in der Westminster-Abtei
1926	21. April	Geburt der Prinzessin Elisabeth Alexandra Mary von York (später: Elisabeth II.)
1929	24. Okt.	Beginn der Weltwirtschaftskrise
1930	21. Aug.	Geburt der Prinzessin Margaret Rose von York
1931	11. Dez.	Statut von Westminster
1936	20. Jan.	Tod Georgs V. in Sandringham
	11. Dez.	Abdankung Eduards VIII.
1937	12. Mai	Krönung Georgs VI. in der Londoner Westminster-Abtei
	03. Juni	Hochzeit des Herzogs von Windsor mit Wallis Simpson, geb. Warfield, in Frankreich
1938	19.–22. Juli	Staatsbesuch Georgs VI. in Frankreich
1939	17. Mai–15. Juni	Staatsbesuch Georgs VI. in Kanada und den USA
	01. Sept.	Kriegsbeginn in Europa
	03. Sept.	Großbritannien und Frankreich erklären dem Deutschen Reich den Krieg
1940	10. Mai	Winston S. Churchill wird Premierminister
1945	08. Mai	Ende des Zweiten Weltkriegs in Europa
	26. Juli	Rücktritt Winston Churchills als Premierminister
1947	15. Aug.	Unabhängigkeit Britisch-Indiens: Teilung des Sub-

1947		kontinents in die Staaten Indien, Pakistan, Ceylon (Sri Lanka) und Burma
	20. Nov.	Hochzeit Prinzessin Elisabeths mit Philip Mountbatten, Herzog von Edinburgh
1948	14. Nov.	Geburt des Prinzen Charles Philip Arthur George
1950	15. Aug.	Geburt der Prinzessin Anne
1952	06. Febr.	Tod Georgs VI.
1953	24. März	Tod der Königin Mary, Witwe Georgs V.
	02. Juni	Krönung Elisabeths II. in der Westminster-Abtei
1956	Juli – Nov.	Suezkrise
1957	03. März	Unabhängigkeit der afrikanischen Kolonie Goldküste (Ghana)
1960	19. Febr.	Geburt des Prinzen Andrew
	06. Mai	Prinzessin Margaret heiratet Antony Armstrong-Jones (später: Lord Snowdon)
1961	01. Juli	Geburt Lady Diana Spencers
1964	10. März	Geburt des Prinzen Edward
1965	24. Jan.	Tod Winston S. Churchills
	18.–28. Mai	Erster Staatsbesuch Elisabeths II. in der Bundesrepublik Deutschland
1969	01. Juli	Investitur von Charles, dem ältesten Sohn Elisabeths II., als Prinz von Wales
1972	28. Mai	Tod des Herzogs von Windsor (ehemals: Eduard VIII.)
1973	01. Jan.	Beitritt Großbritanniens zur Europäischen Gemeinschaft
1979	04. Mai	Margaret Thatcher wird Premierministerin
	14. Nov.	Heirat der Prinzessin Anne mit Mark Phillips
1981	29. Juli	Heirat des Prinzen von Wales mit Lady Diana Spencer
1982	21. Juni	Geburt des Prinzen William Mountbatten-Windsor
1984	15. Sept.	Geburt des Prinzen Henry («Harry») Mountbatten-Windsor
1986	24. April	Tod der Herzogin von Windsor (Mrs. Wallis Simpson)
1990	28. Nov.	Rücktritt Margaret Thatchers als Regierungschefin
1992	20. Nov.	Brand auf Schloss Windsor
	26. Nov.	Die britische Regierung beschließt, dass die Königin einkommenssteuerpflichtig ist
	09. Dez.	Trennung des Prinzen und der Prinzessin von Wales (Scheidung: 28. August 1996)
1997	01. Juli	Rückgabe der Kronkolonie Hongkong an China
	31. Aug.	Tod Dianas, Prinzessin von Wales

1997	20. Nov.	Goldene Hochzeit Königin Elisabeths II. und des Herzogs von Edinburgh
2002	09. Febr.	Tod Prinzessin Margarets, Gräfin Snowdon
	30. März	Tod der Königinmutter Elizabeth, Witwe Georgs VI.
	02. Juni	Goldenes Thronjubiläum Königin Elisabeths II.
2005	09. April	Heirat des Prinzen von Wales mit Camilla Parker Bowles, Herzogin von Cornwall
2007	20. Nov.	Diamantene Hochzeit Königin Elisabeths II. und des Herzogs von Edinburgh

Literatur

Allan, Peter, The Crown and the Swastika. Hitler, Hess and the Duke of Windsor, London 1983

Alter, Peter, Winston Churchill (1874–1965). Leben und Überleben, Stuttgart 2006

Aronson, Theo, Crowns in Conflict. The Triumph and the Tragedy of European Monarchy, 1910–1918, London 1986

Ders., Princess Margaret. A Biography, 2. Aufl. London 2001

Bagehot, Walter, Die englische Verfassung, Neuwied 1971 (engl. Erstauflage 1867)

Barnett, Anthony (Hrsg.), Power and the Throne. The Monarchy Debate, London 1994

Bentley, Tom/Wilsdon, James, Monarchies. What are Kings and Queens For?, London 2002

Birke, Adolf M./Kluxen, Kurt (Hrsg.), England und Hannover, München 1986

Blain, Neil/O'Donnell, Hugh, Media, Monarchy and Power, Bristol und Portland/Or. 2003

Blake, Robert (Hrsg.), Die englische Welt. Geschichte, Gesellschaft, Kultur, München 1983

Bloch, Michael, The Duke of Windsor's War, London 1982

Ders., The Reign and Abdication of King Edward VIII, London 1990

Ders., The Duchess of Windsor, London 1996

Ders. (Hrsg.), The Secret File of the Duke of Windsor, London 1988

Ders. (Hrsg.), Die Windsors. Briefe einer großen Liebe. Die private Korrespondenz aus dem Nachlass der Herzogin von Windsor, München 1992

Bogdanor, Vernon, The Monarchy and the Constitution, Oxford 1995

Bosbach, Franz/Davis, John (Hrsg.), Prinz Albert. Ein Wettiner in Großbritannien, München 2004

Bradford, Sarah, King George VI, London 1989

Dies., Elizabeth. A Biography of Her Majesty the Queen, London 1996

Bradley, Ian, God Save the Queen. The Spiritual Dimension of Monarchy, London 2002

Brendon, Piers/Whitehead, Philip, The Windsors. A Dynasty Revealed, 1917–2000, 2. Aufl. London 2000

Brown, Tina, Diana. Die Biographie, München 2007

Cannadine, David, Die Erfindung der britischen Monarchie 1820–1994, Berlin 1994

Ders., Aspects of Aristocracy. Grandeur and Decline in Modern Britain, New Haven und London 1994

Ders./Price, Simon, Rituals of Royalty, Cambridge 1987

Cannon, John/Griffiths, Ralph A. (Hrsg.), The Oxford Illustrated History of the British Monarchy, Oxford 1988

Churchill, Winston S., Georg V., in: Ders., Große Zeitgenossen, Frankfurt/M. und Hamburg 1959, S. 164–174

Clay, Catrine, König – Kaiser – Zar. Drei königliche Cousins, die die Welt in den Krieg trieben, München 2008

Colville, John, Downing Street Tagebücher 1939–1945, Berlin 1988 (engl. Originalausgabe: London 1985)

Davies, Nicholas, Elizabeth. Behind Palace Doors, Edinburgh 2001

Dimbleby, Jonathan, The Prince of Wales. A Biography, London 1994

Donaldson, Frances, Edward VIII, London 1974

Duncan, Andrew, The Reality of Monarchy, London 1970

Fearon, Peter, Behind the Palace Walls. The Rise and Fall of Britain's Royal Family, 2. Aufl. New York 1996

Forman, F. N., Constitutional Change in the United Kingdom, London und New York 2002

Fröhlich, Michael, Geschichte Großbritanniens. Von 1500 bis heute, Darmstadt 2004

Fulford, Roger, Hanover to Windsor, 10. Aufl. London 1974

Gauland, Alexander, Das Haus Windsor, Berlin 1996

Gelfert, Hans-Dieter, Kleine Kulturgeschichte Großbritanniens. Von Stonehenge bis zum Millennium Dome, München 1999

Gilbert, Martin, Churchill. A Life, London 2000

Gollwitzer, Heinz, Die Funktion der Monarchie in der Demokratie, in: Adolf M. Birke/Lothar Kettenacker (Hrsg.), Bürgertum, Adel, Monarchie. Wandel der Lebensformen im Zeitalter des bürgerlichen Nationalismus, München 1989, S. 147–156

Gordon, Peter/Lawton, Denis, Royal Education: Past, Present and Future, London und Portland/Or. 2003

Gore, John, King George V. A Personal Memoir, London 1941

Hall, Phillip, Royal Fortune: Tax, Money and the Monarchy, London 1992

Hambrecht, Rainer, Eine Dynastie – zwei Namen: »Haus Sachsen-Coburg und Gotha" und »Haus Windsor". Ein Beitrag zur Nationalisierung der Monarchien in Europa, in: Wolfram Pyta/Ludwig Richter (Hrsg.), Gestaltungskraft des Politischen. Festschrift für Eberhard Kolb, Berlin 1998, S. 283–304

Hardie, F. M., The Political Influence of the British Monarchy, 1868–1952, New York 1970

Harris, Kenneth, The Queen, London 1994

Haseler, Stephen, The End of the House of Windsor: Birth of a British Republic, London 1993

Heald, Tim, The Duke. A Portrait of Prince Philip, London 1991

Healy, Edna, The Queen's House. A Social History of Buckingham Palace, London 1997

Hibbert, Christopher, The Court of St James's. The Monarch at Work from Victoria to Elizabeth II, London 1979

Hitchens, Christopher, The Monarchy, London 1990

Hoey, Brian, At Home with the Queen. The Inside Story of the Royal Household, London 2002

Holden, Anthony, Charles, Prince of Wales, London 1979

Ders., The Tarnished Crown, London 1993

Howard, Philip, The British Monarchy in the Twentieth Century, London 1977

Howarth, Patrick, George VI, London 1987

Hübner, Emil/Münch, Ursula, Das politische System Großbritanniens. Eine Einführung, München 1998

Jay, Antony, Elizabeth R: The Role of the Monarchy Today, London 1992

Jenkins, Roy, Churchill, London 2002

Jennings, Ivor/Ritter, Gerhard A., Das britische Regierungssystem. Leitfaden und Quellenbuch, 2. Aufl. Köln 1970

Johnson, Dominic, Abschied von der Insel? Großbritannien im Wandel, Bonn 1997

Judd, Denis, King George VI, 1895–1952, New York 1983

Ders., The Life and Times of George V, London 1973 (Neudruck 1993)

Keay, Douglas, Elizabeth II: Portrait of a Monarch, London 1992

King, Greg, The Duchess of Windsor. The Uncommon Life of Wallis Simpson, London 1999

Kluxen, Kurt, Geschichte Englands. Von den Anfängen bis zur Gegenwart, 4. Aufl. Stuttgart 1991

Lacey, Robert, Majestät. Elisabeth und das Haus Windsor, München 1977 (engl. Originalausgabe: London 1977)

Laird, Dorothy, Queen Elizabeth the Queen Mother, London 1966

Longford, Elizabeth, The Royal House of Windsor, London 1974

Dies., The Queen Mother, New York 1981

Dies., Elizabeth R: A Biography, London 1983

Dies., Royal Throne. The Future of Monarchy, London 1993

McLeod, Kirsty, Battle Royal: Edward VIII and George VI, Brother against Brother, London 2000

Matthew, H. C. G., George V (1865–1936), in: Oxford Dictionary of National Biography, hrsg. v. H. C. G. Matthew und Brian Harrison, Bd. 21, Oxford 2004, S. 864–878

Ders., Edward VIII (1894–1972), in: ebd., Bd. 17, S. 887–895

Ders., George VI (1895–1952), in: ebd., Bd. 21, S. 878–889

Maurer, Michael, Kleine Geschichte Englands, Stuttgart 2007

Middlemas, Keith/Barnes, John, Stanley Baldwin, London 1969

Mortimer, Penelope, Queen Elizabeth. A Life of the Queen Mother, London 1986

Morton, Andrew, The Wealth of the Windsors, 2. Aufl. London 1993

Ders., Diana. Ihre wahre Geschichte in ihren eigenen Worten, München 1997

Nairn, Tom, The Enchanted Glass. Britain and its Monarchy, 2. Aufl. London 1994

Netzer, Hans-Joachim, Albert von Sachsen-Coburg und Gotha. Ein deutscher Prinz in England, München 1988

Nicklas, Thomas, Das Haus Sachsen-Coburg. Europas späte Dynastie, Stuttgart 2003

Nicolson, Harold, King George the Fifth. His Life and Reign, London 1952

Ders., Diaries and Letters, 3 Bde., hrsg. v. Nigel Nicolson, London 1966–1968

Niedhart, Gottfried, Geschichte Englands im 19. und 20. Jahrhundert, 2. Aufl. München 1996

Parker, John, Prince Philip. A Critical Biography, London 1990

Paxman, Jeremy, On Royalty, London 2007

Pearson, John, The Ultimate Family. The Making of the Royal House of Windsor, London 1986

Pimlott, Ben, The Queen. A Biography of Elizabeth II, London 1996

Ders., The Queen. Elizabeth II and the Monarchy, London 2002

Pogge von Strandmann, Hartmut, Nationalisierungsdruck und königliche Namensänderung in England. Das Ende der Großfamilie europäischer Dynastien, in: Gerhard A. Ritter/Peter Wende (Hrsg.), Rivalität und Partnerschaft. Studien zu den deutsch-britischen Beziehungen im 19. und 20. Jahrhundert. Festschrift für Anthony J. Nicholls, Paderborn 1999, S. 68–91

Pope-Hennessy, James, Queen Mary, 1867–1953, London 1959

Prochaska, Frank, Royal Bounty. The Making of a Welfare Monarchy, New Haven und London 1995

Ders. (Hrsg.), Royal Lives, Oxford 2002

Rhodes James, Robert, Albert, Prince Consort. A Biography, London 1983

Ders., A Spirit Undaunted. The Political Role of George VI, London 1998

Rose, Kenneth, King George V, London 1983

Sampson, Anthony, The Essential Anatomy of Britain. Democracy in Crisis, London 1992

Schnurmann, Claudia, Vom Inselreich zur Weltmacht. Die Entwicklung des englischen Weltreichs vom Mittelalter bis ins 20. Jahrhundert, Stuttgart 2001

Schröder, Hans-Christoph, Englische Geschichte, München 1995

Shell, Donald/Hodder-Williams, Richard (Hrsg.), Churchill to Major. The British Prime Ministership since 1945, London 1995

Starkey, David, Monarchy: From the Middle Ages to Modernity, London 2006

Thatcher, Margaret, Downing Street No. 10. Die Erinnerungen, Düsseldorf 1993

Thornton, Michael, Royal Feud. The Queen Mother and the Duchess of Windsor, London 1985

Tunzelmann, Alex von, Indian Summer. The Secret History of the End of an Empire, London 2008

Turner, Graham, Elizabeth. The Woman and the Queen, London 2002

Wende, Peter, Geschichte Englands, 2. Aufl. Stuttgart 1996

Ders., Das Britische Empire. Geschichte eines Weltreichs, München 2008

Ders. (Hrsg.), Englische Könige und Königinnen der Neuzeit. Von Heinrich VII. bis Elisabeth II., München 2008

Wheeler-Bennett, John W., King George VI. His Life and Reign, London 1958

Williams, Susan, The People's King. The True Story of the Abdication, London 2003

Wilson, A. N., The Rise and Fall of the House of Windsor, New York 1993

Windsor, Bessie Wallis Warfield, The Heart Has its Reasons. The Memoirs of the Duchess of Windsor, New York und London 1956

Windsor, Edward, A King's Story. The Memoirs of H. R. H. the Duke of Windsor K. G, London 1951 (Neudruck: London 1998)

Ders., The Crown and the People, 1902–1953, London 1953

Wocker, Karl-Heinz, Königin Viktoria. Eine Biographie, Düsseldorf 1978

Ziegesar, Detlef von, Großbritannien ohne Krone?, Darmstadt 1993

Ziegler, Philip, King Edward VIII. The Official Biography, New York 1990

Ders., Mountbatten. The Official Biography, London 1985 (Neudruck: London 2001)

Bildnachweis